和の彩り（いろどり）素材集

伝統文様

草花・動物・天象器物

COLLECTION OF JAPANESE TEXTILE DESIGN

［アイコンについて］

Jpg ＝ JPEG形式

Png ＝ PNG形式（背景透明加工）

Eps ＝ Illustrator EPS形式（ベクトルデータ／パスデータ）

＊本書に収録の素材は、すべてロイヤリティーフリーです。
詳しくはP.6の「この本について」をご覧ください。

目次

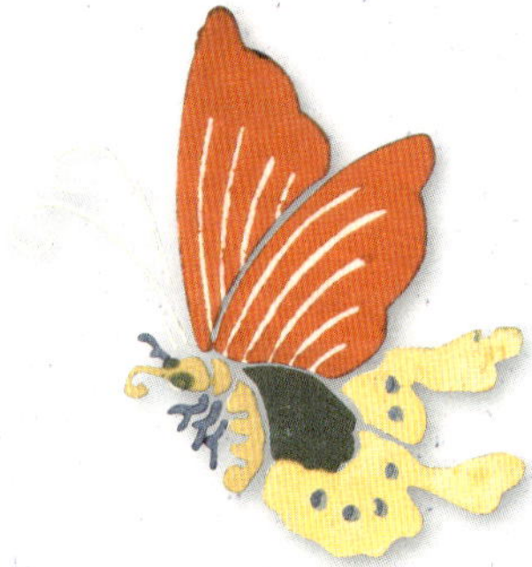

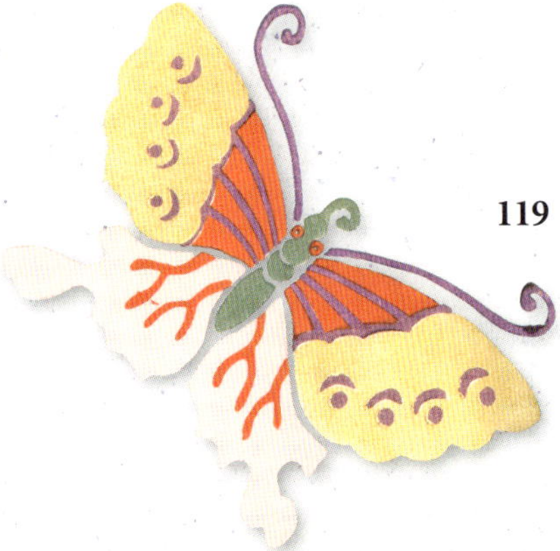

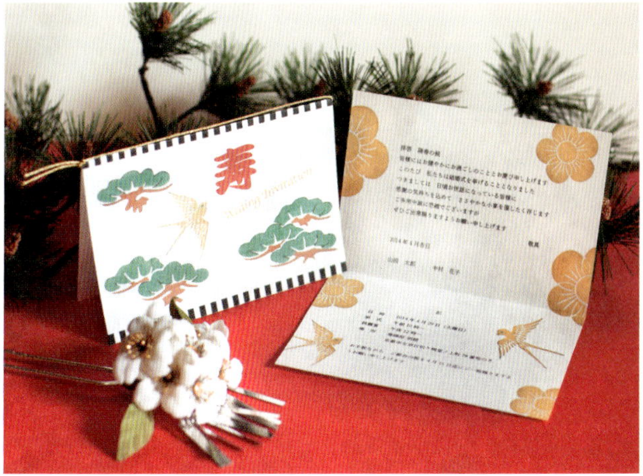

ウェディングなど、お祝い事のカード作りに…

［使用素材］
B-130／B-279／B-283／
B-233／B-234／B-235

めでたいモチーフを使って、お祝い事のデザインに。
金の刷り色を活かした素材を使えば、いっそう華やかに仕上がります。

はがき、一筆箋、ぽち袋など、手作りのお便りに…

［使用素材］
A-090／A-098／A-106／
B-003／B-007

美しく趣きのある文様は、プリントするだけでも、印象深いお便りになります。

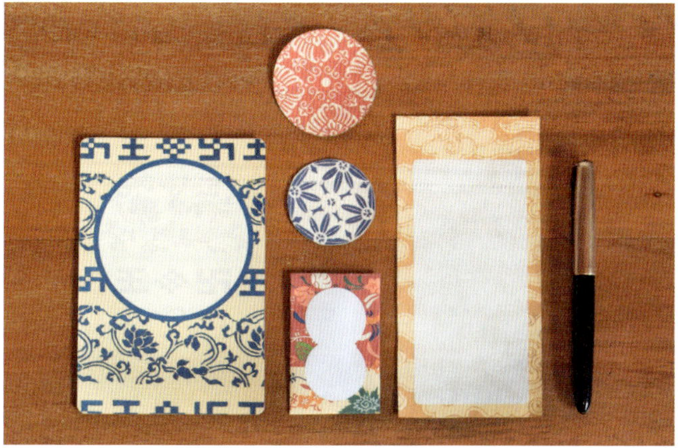

プリントした紙を
空箱に貼って、
小物の収納や
ギフトボックスに…

［使用素材］
A-068／A-075／A-095／
C-025／C-026

絵柄の組み合わせを楽しみながら作りましょう。

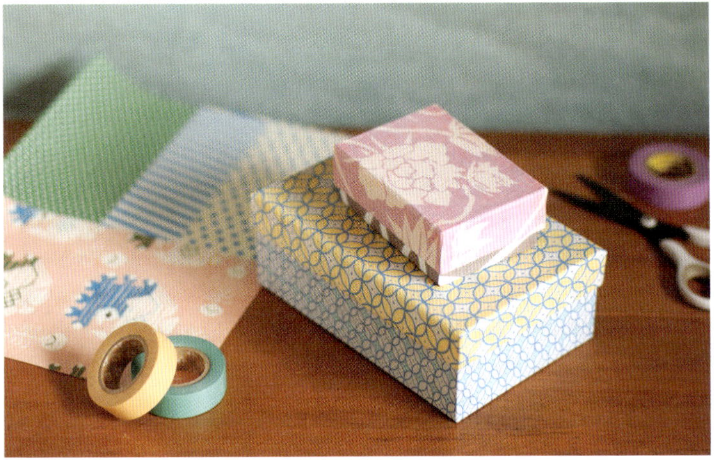

お品書きなど、
店舗アイテムの
デザインに…

［使用素材］
A-037／A-071／B-198／
B-322

和のあしらいで、はんなりした和風デザインが簡単にできます。

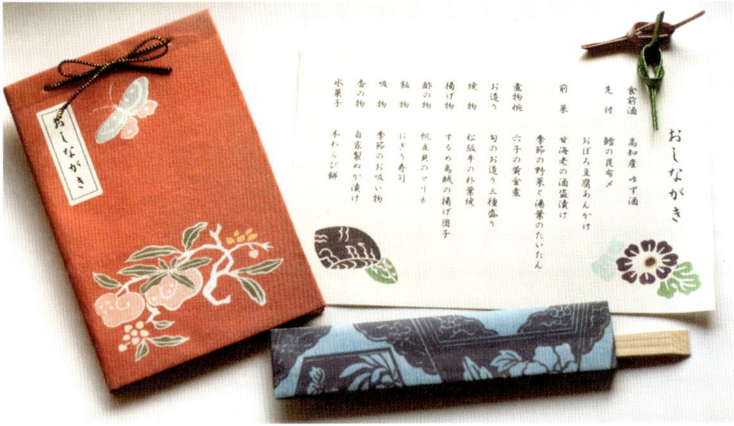

●使用規約

本書の購入者に限り、個人・法人を問わず、そのまま、または加工して、ご自由に何度でもご使用いただけます。商業的使用に際しても、個別に許諾申請をする必要はありません。
また、クレジットの記載、著作権使用料等をお支払いいただく必要もありません。
メインコンテンツとなる商用利用も可能ですが、収録素材そのままのデータのみで構成したデザインでの商品化はご遠慮下さい。

また、素材データの複製・配布・販売・貸与に該当する行為、著作権を侵害する行為については、固く禁止されておりますのでご注意ください。

本書の内容及び付属 DVD-ROM 内のデータに関する著作権は、すべて出版社に帰属しています。使用を許諾する権利を放棄しておりません。

<禁止事項例>
・公序良俗に反する目的で使用すること。
・素材データのみで構成されたの商品の販売。
（素材を加工または、他の要素と組み合わせて使用する場合は問題ありません）
・収録素材データの一部または全てを販売・配布・転売・譲渡するなどの行為。
・複数の利用者間での共用。
・付属 DVD-ROM を MO・CD-ROM・DVD などへ複製する行為。
・素材データを利用した各種受注制作サービスでの使用。
（名刺・カードのテンプレートとして、収録素材のデータをそのまま使用するなど）
・素材データを使用して、商標登録などの知的財産権登録を行うこと。

＊ Adobe Illustrator、Photoshop は、アドビシステムズ社の米国ならびに他の国における登録商標です。
＊ Microsoft Office Excel は米国 Microsoft Corporation の米国およびその他の国における登録商標です。

● 使用上の注意点

- 素材データをご使用いただく際は、ご自身の PC にデータをコピーして作業してください。
- ご使用いただく環境（PC の機種、バージョン等々）により、画面や動作が異なる場合もございます。色や見え方が本書の記載と異なる場合がございますが、データの不備ではございません。
- 本書はお客様本人の責任の範囲で使用されるものとします。収録データを使用した結果発生した損害や不利益に対し、当社は一切の責任を負いません。
- 本書刊行にあたっては、細心の注意を払ってデータ制作しておりますが、本書の内容に欠陥がないことを保証するものではありません。

● 収録されている素材データについて

それぞれ素材に合わせ、以下の形式で収録しております。
Scene 1_A: JPEG、PNG 形式（350dpi、3307 × 2205pixel、約 240 × 160mm）
Scene 2_B: JPEG、PNG、一部 EPS 形式（350dpi、サイズは素材により異なる）
Scene 3_C: JPEG、EPS 形式（350dpi、4093 × 2894pixel、約 297 × 210mm）

JPEG 形式： ほとんどのソフトで使える一般的な画像データ。
連続模様の画像データは、タイル状に並べるだけで無限に背景が作れます。
解像度 350dpi、カラーモード RGB で収録。
PNG 形式： 背景が透明なので重ね使いができる、便利な画像データ。
Office 系ソフトやハガキ作成ソフトなどでも使えます。
解像度 350dpi、カラーモード RGB で収録。
EPS 形式： Illustrator 8.0 以上対応。ベクトルデータ（パスデータ）を収録。

その他ご不明な場合は、青幻舎企画編集室（support@seigensha.com）まで詳細をお書き添えの上、メールにてお問い合わせください。（電話・FAX での受付はしておりません。）
また、Adobe Photoshop や Illustrator 等の加工ソフトに関するご質問にはお答えできませんのでご了承ください。

商品の
パッケージ
デザインに…

［使用素材］
A-007

モダンな雰囲気で、
包装紙をデザイン

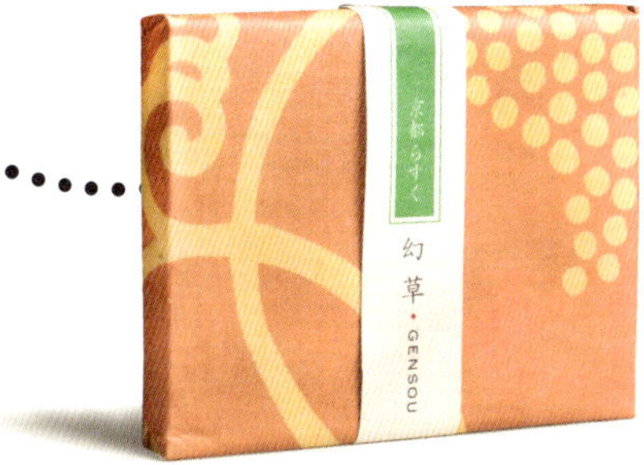

Scene 1

【背景素材】

Back Ground

草花

植物は、いつの時代も最も人気のあるモチーフ。草花の奔放な動きを活かして、唐草、襷、立涌など、たくさんの文様が展開されました。華やかで雅なものから、渋い印象の落ちついたトーンのものまで、様々に彩ります。

牡丹梅唐草｜A-001 Jpg Png Eps

桜花異文｜A-002 Jpg Png Eps

葡萄唐草｜A-004 Jpg Png Eps

桜花文｜A-003 Jpg Png Eps

葡萄棚文 | A-006 Jpg Png Eps

唐花襷文 | A-005 Jpg Png Eps

葡萄丸文｜A-008 Jpg Png Eps

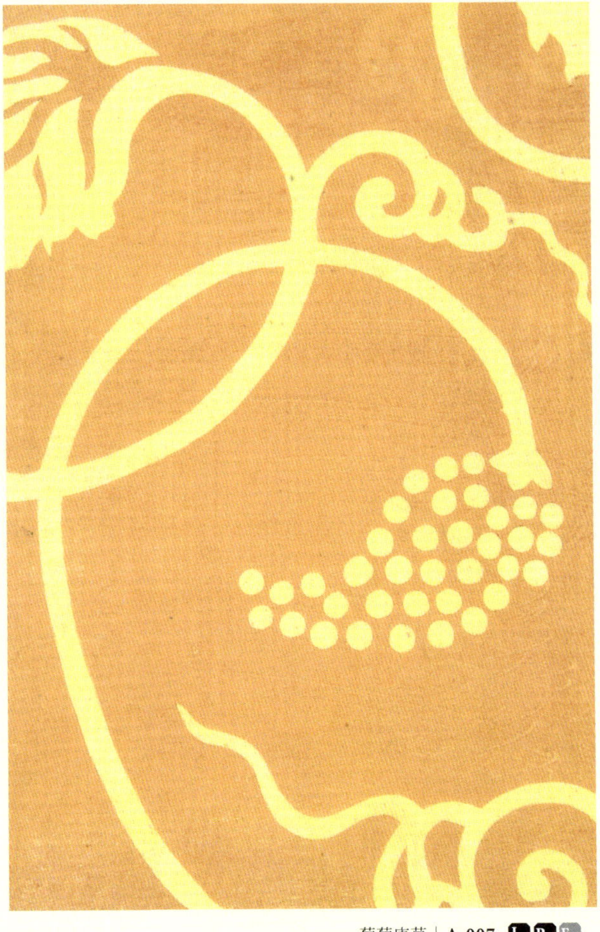

葡萄唐草｜A-007 Jpg Png Eps

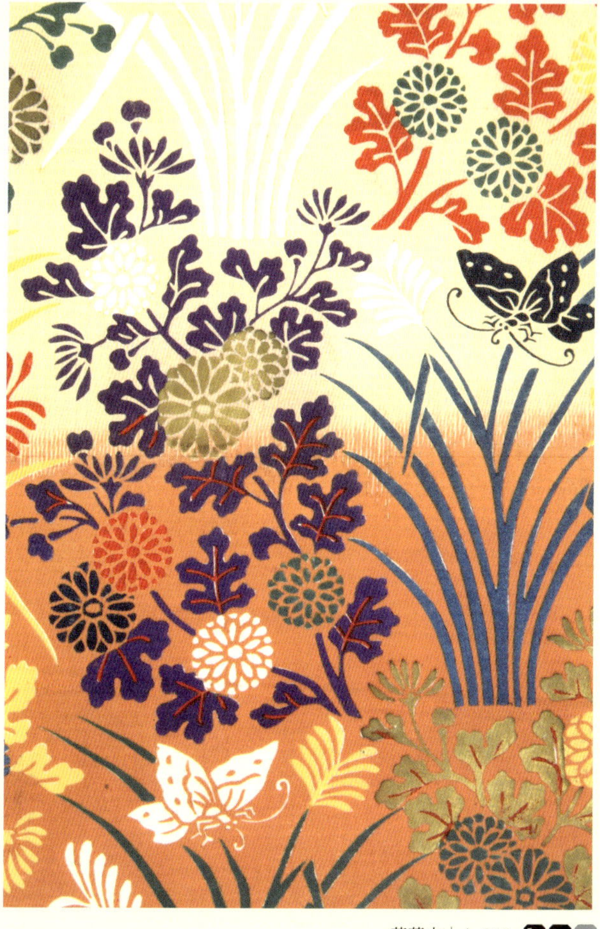

菊薄文｜A-010 Jpg Png Eps

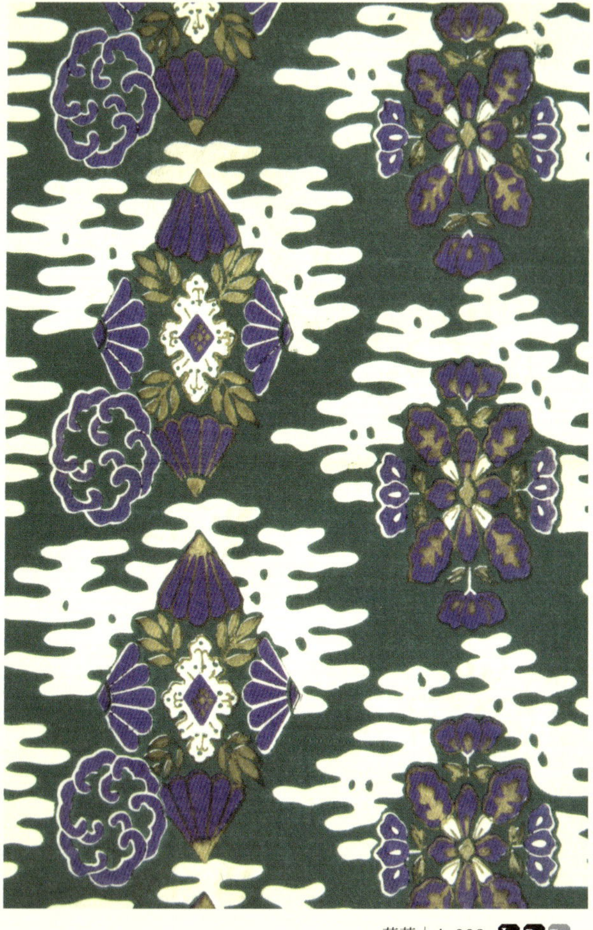

菊菱｜A-009 Jpg Png Eps

牡丹唐草｜A-012 Jpg Png Eps

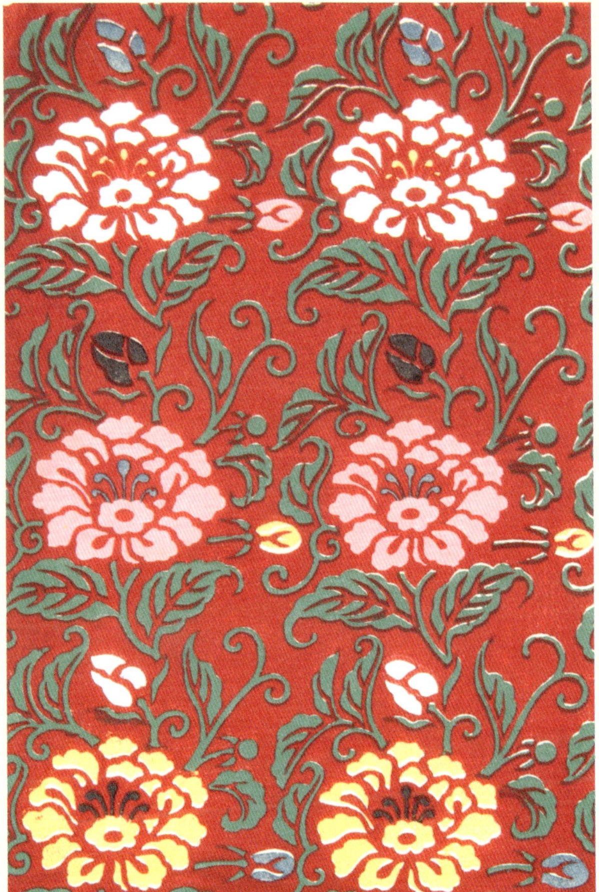

蔦牡丹文｜A-011 Jpg Png Eps

唐花霰襷文｜A-014 Jpg Png Eps

唐花襷文｜A-013 Jpg Png Eps

桐唐草｜A-016 Jpg Png Eps

唐花文｜A-015 Jpg Png Eps

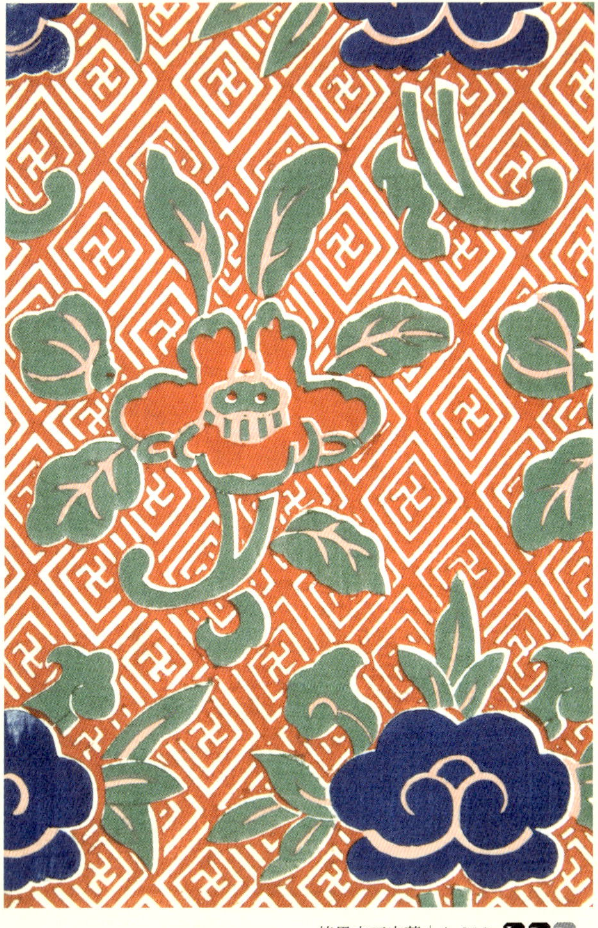

椿異文万字菱｜A-018 Jpg Png Eps

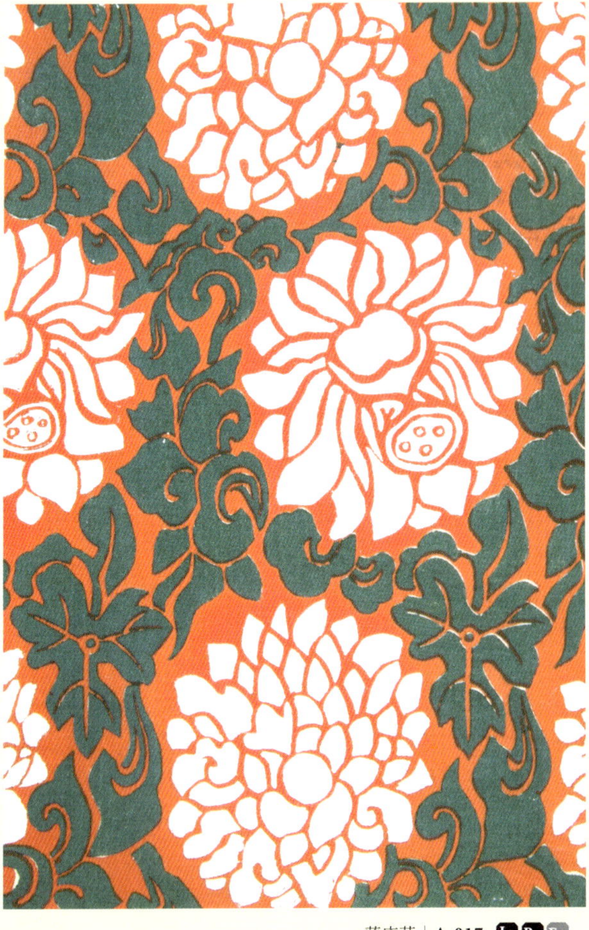

蓮唐草｜A-017 Jpg Png Eps

桐唐草｜A-020 Jpg Png Eps

菊橘折枝立涌文｜A-019 Jpg Png Eps

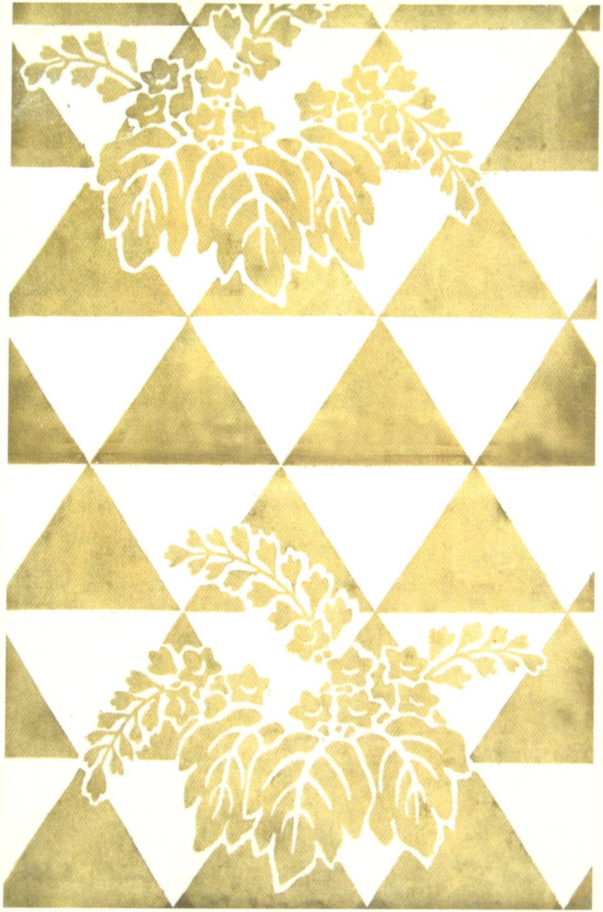

桐文｜A-022 Jpg Png Eps

唐花異文｜A-021 Jpg Png Eps

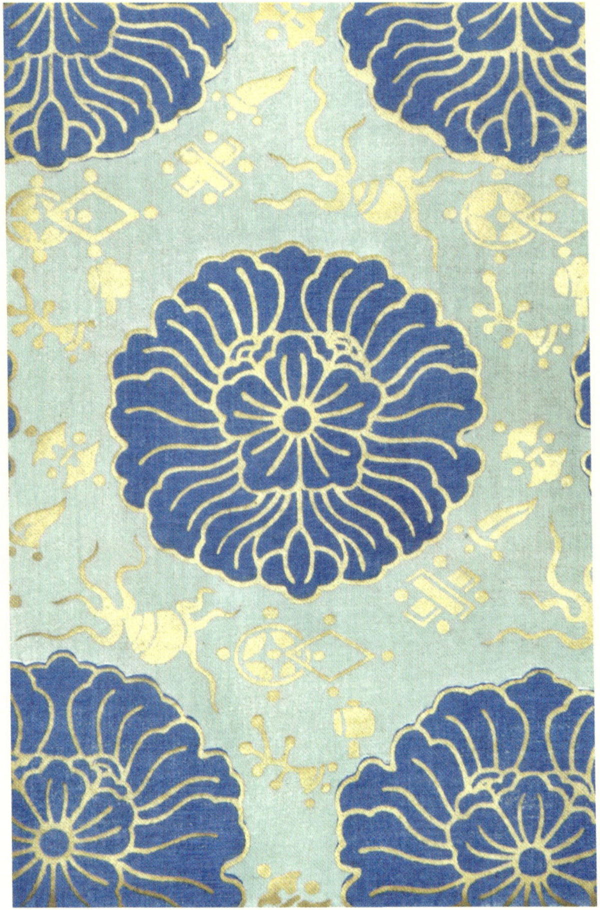

輪牡丹宝尽｜A-024 Jpg Png Eps

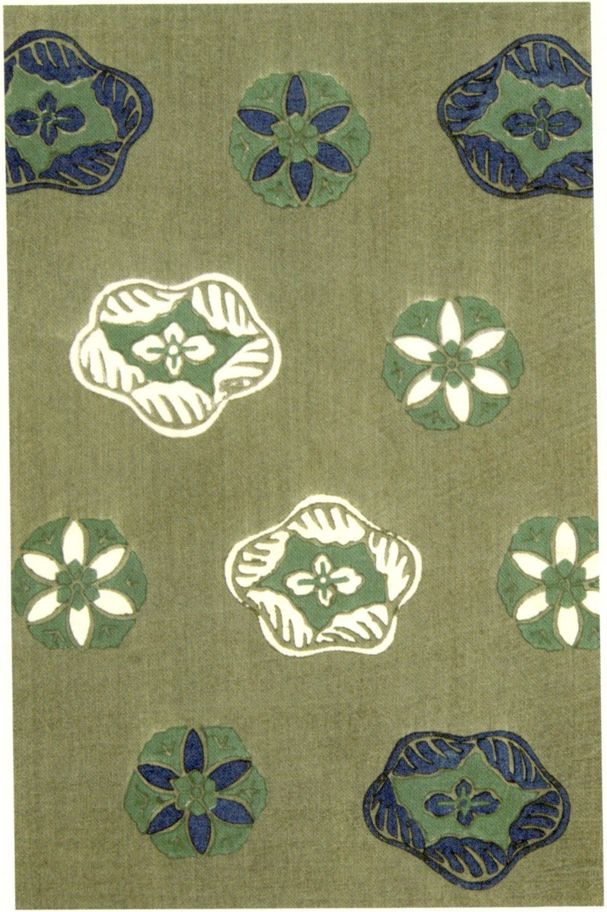

松竹梅巽文｜A-023 Jpg Png Eps

鉄仙唐草｜A-026 Jpg Png Eps

菊水文｜A-025 Jpg Png Eps

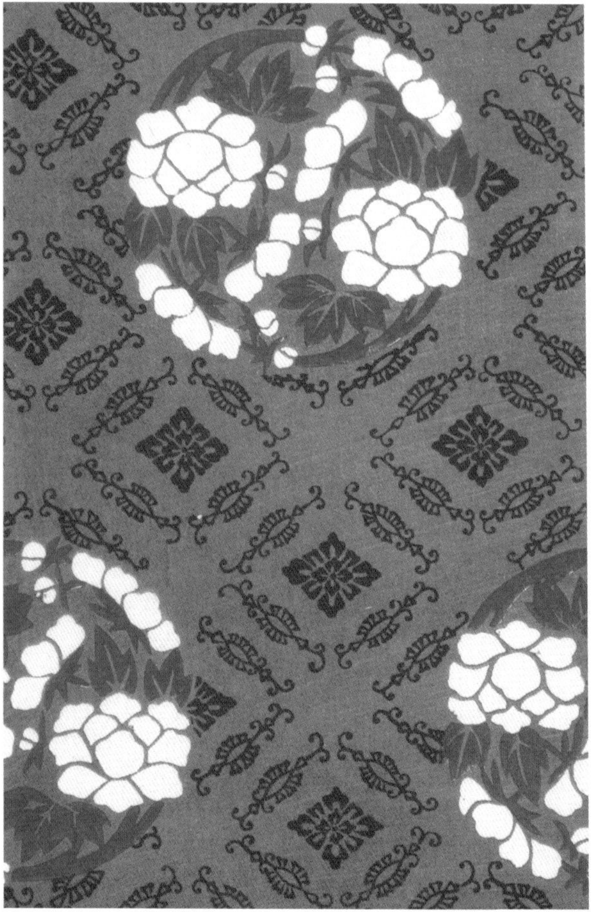

牡丹小葵｜**A-028** Jpg Png Eps

牡丹唐草｜**A-027** Jpg Png Eps

八ツ藤文｜A-030 Jpg Png Eps

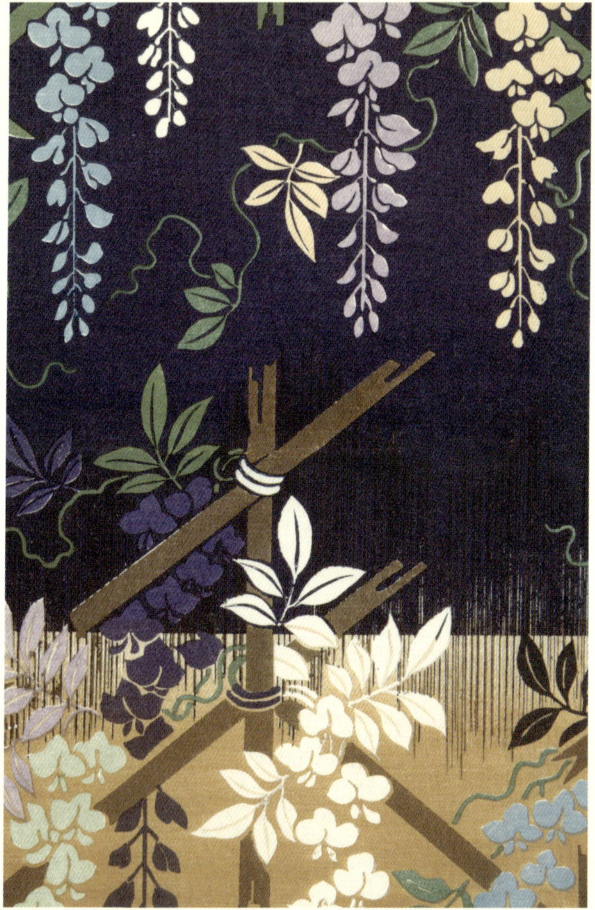

藤棚文｜A-029 Jpg Png Eps

龍胆立涌文｜**A-032** Jpg Png Eps

八ツ藤大輪文｜**A-031** Jpg Png Eps

牡丹文 | **A-034** Jpg Png Eps

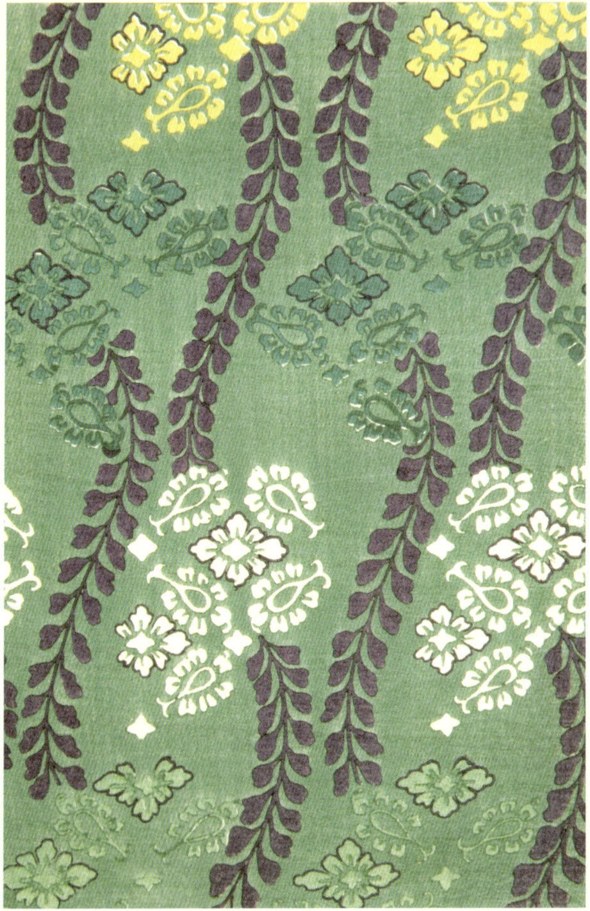

藤立涌文 | **A-033** Jpg Png Eps

果物宝尽｜A-036 Jpg Png Eps

藤立涌異文｜A-035 Jpg Png Eps

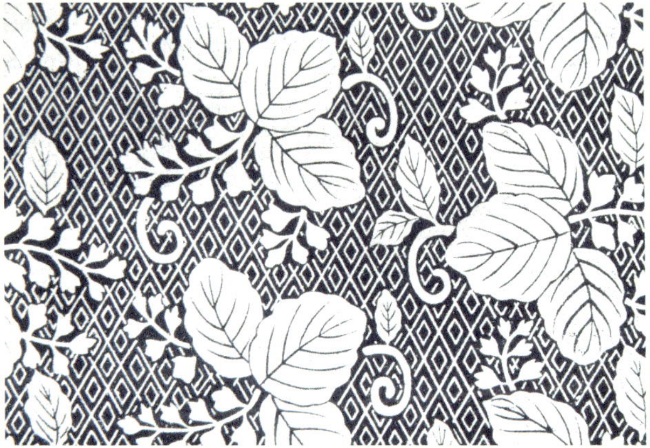

桐唐草｜A-038 Jpg Png Eps

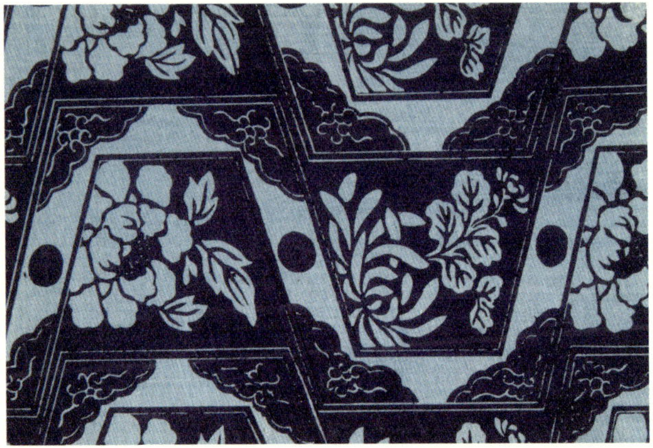

菊牡丹異文｜A-037 Jpg Png Eps

菊菱浪立涌文｜A-040 Jpg Png Eps

蔦唐草｜A-039 Jpg Png Eps

鉄仙唐草｜A-041 Jpg Png Eps

牡丹唐草｜A-042 Jpg Png Eps

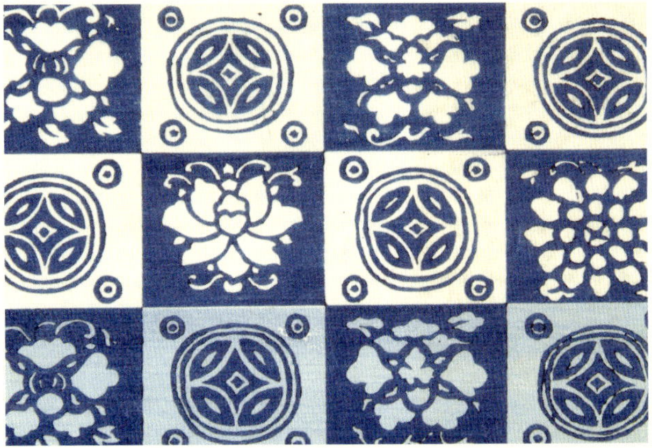

唐花大石畳文｜A-043 Jpg Png Eps

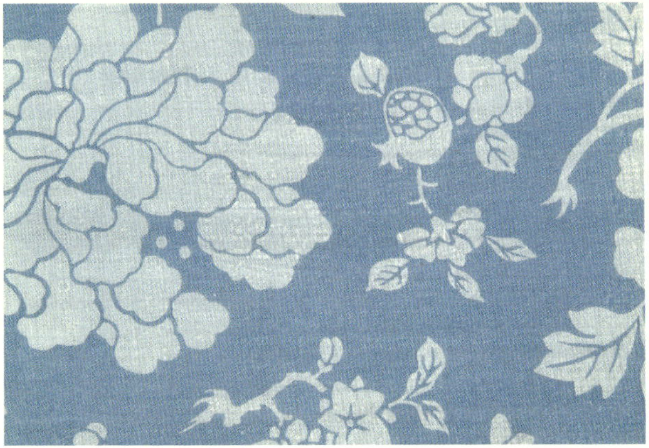

牡丹柘榴文｜A-044 Jpg Png Eps

瓢箪異文｜A-046 Jpg Png Eps

瓢唐草異文｜A-045 Jpg Png Eps

菊飛文｜**A-048** Jpg Png Eps

藤立涌文｜**A-047** Jpg Png Eps

椿折枝文｜**A-050** Jpg Png Eps

牡丹唐草｜**A-049** Jpg Png Eps

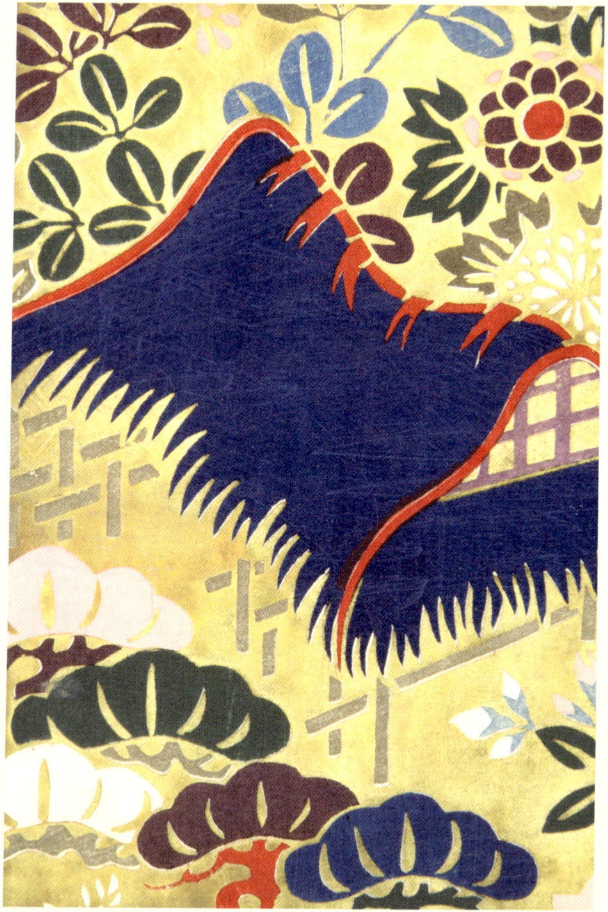

秋野文 | A-052 Jpg Png Eps

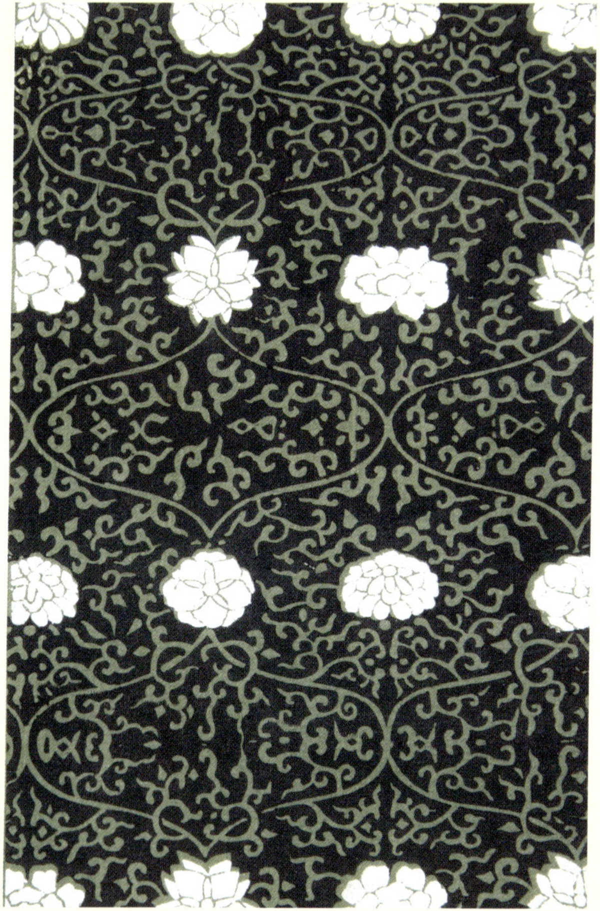

牡丹唐草 | A-051 Jpg Png Eps

菊折枝文｜A-053 Jpg Png Eps

唐草唐花文｜A-054 Jpg Png Eps

唐花霰襷文｜A-055 Jpg Png Eps

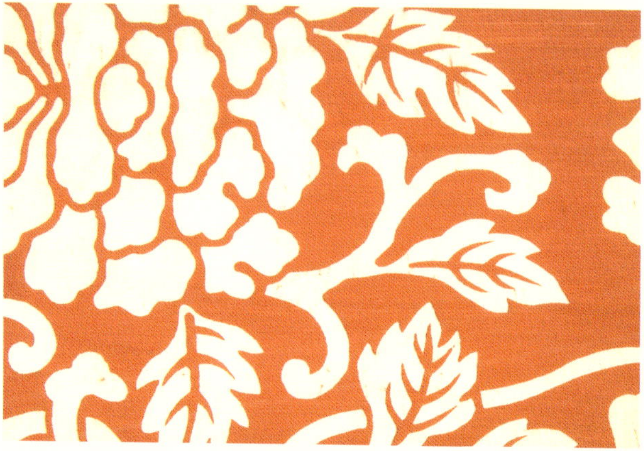

牡丹唐草｜A-056 Jpg Png Eps

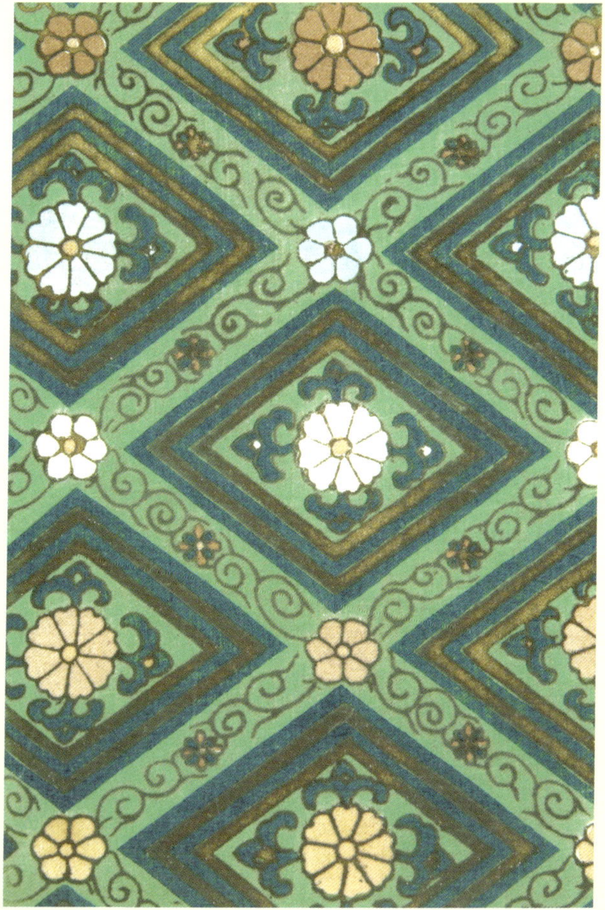

菊郭菱文｜A-058 Jpg Png Eps

唐花立涌｜A-057 Jpg Png Eps

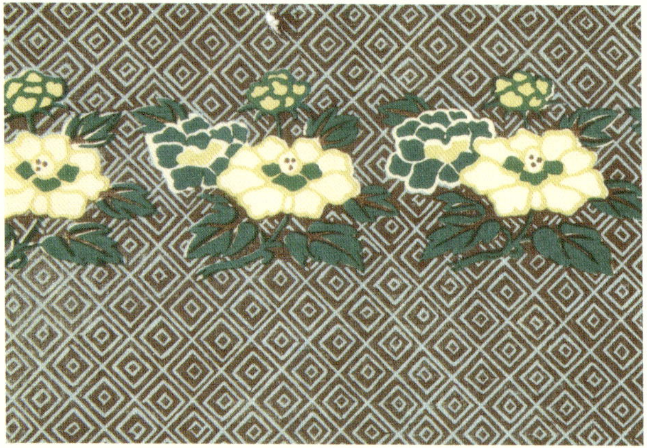
牡丹折枝文｜A-060 Jpg Png Eps

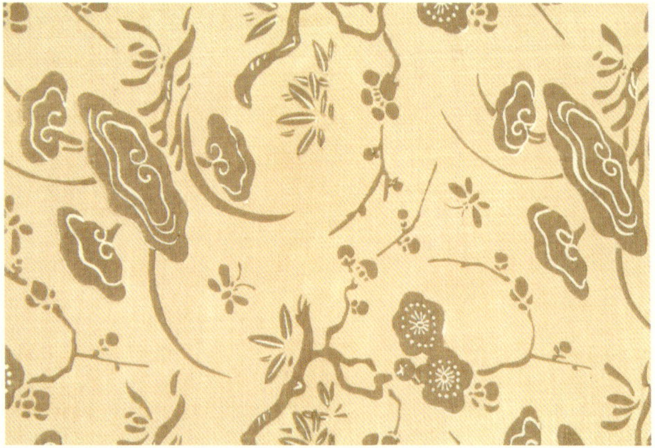
梅霊芝異文｜A-059 Jpg Png Eps

鉄仙唐花石畳文｜A-062 Jpg Png Eps

梅蝶宝尽文｜A-061 Jpg Png Eps

八ツ藤檜垣文｜A-063 Jpg Png Eps

花勝見襷文｜A-064 Jpg Png Eps

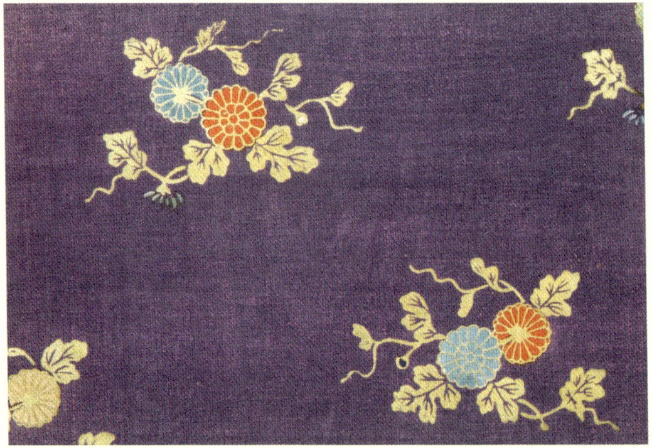

菊折枝文｜A-066 Jpg Png Eps

牡丹唐草｜A-065 Jpg Png Eps

牡丹唐草｜A-068 Jpg Png Eps

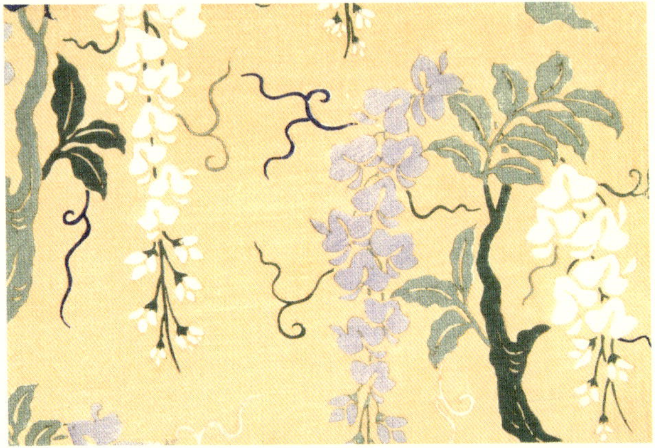

藤折枝文｜A-067 Jpg Png Eps

動物

鶴、龍、鳳凰など、縁起物のモチーフをはじめ、蝶や鼠など様々な生き物が描かれました。それぞれの特徴をユニークに捉え美しく図案化されたものから、ダイナミックに構成されたものまで、多様なデザインがあります。

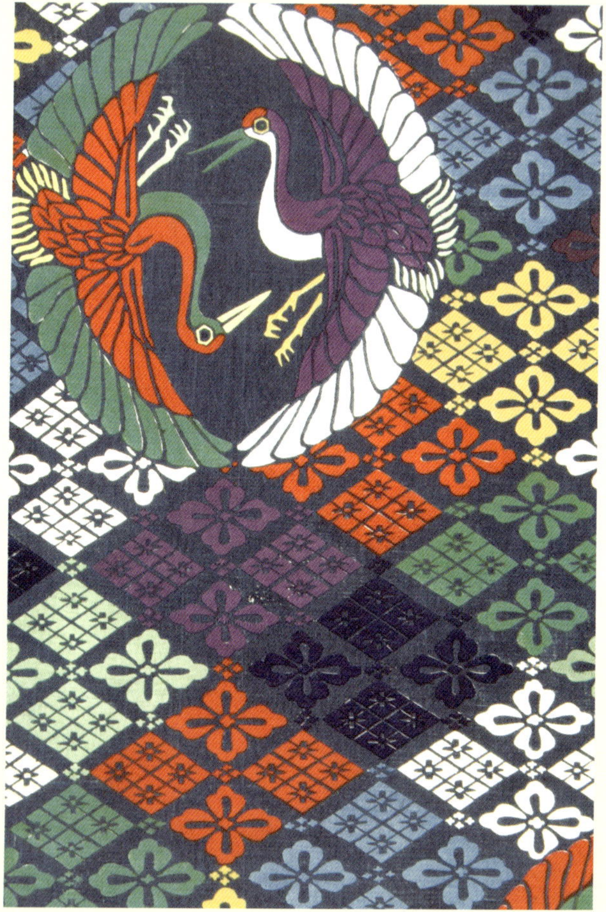

鶴丸花菱｜A-070 Jpg Png Eps

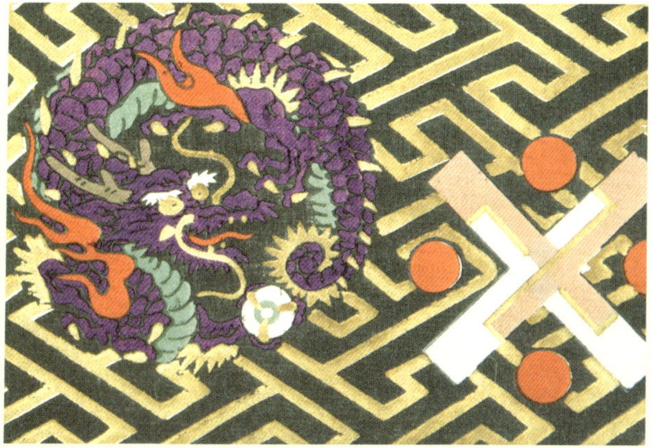

丸龍雲板｜A-069 Jpg Png Eps

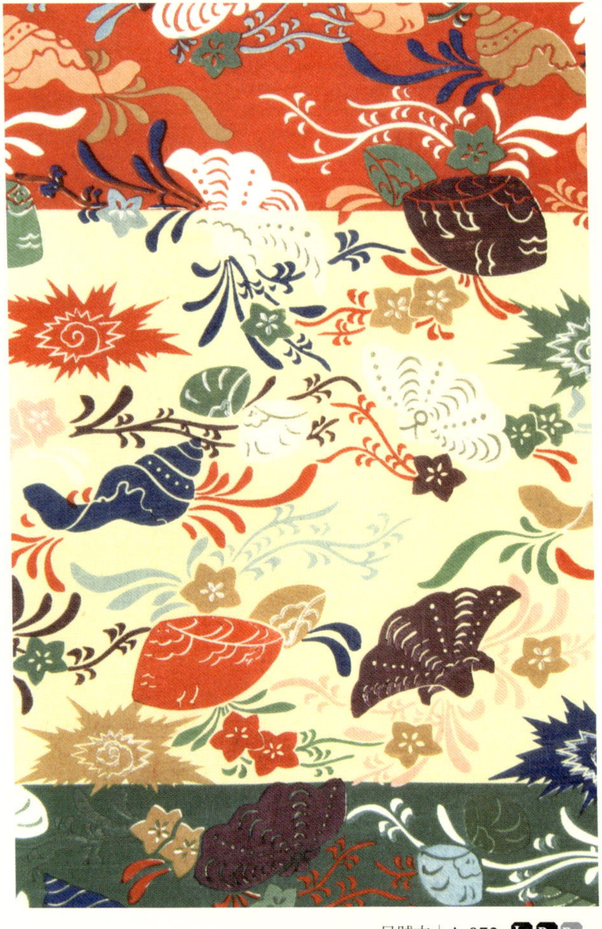

貝賊文｜A-072 Jpg Png Eps

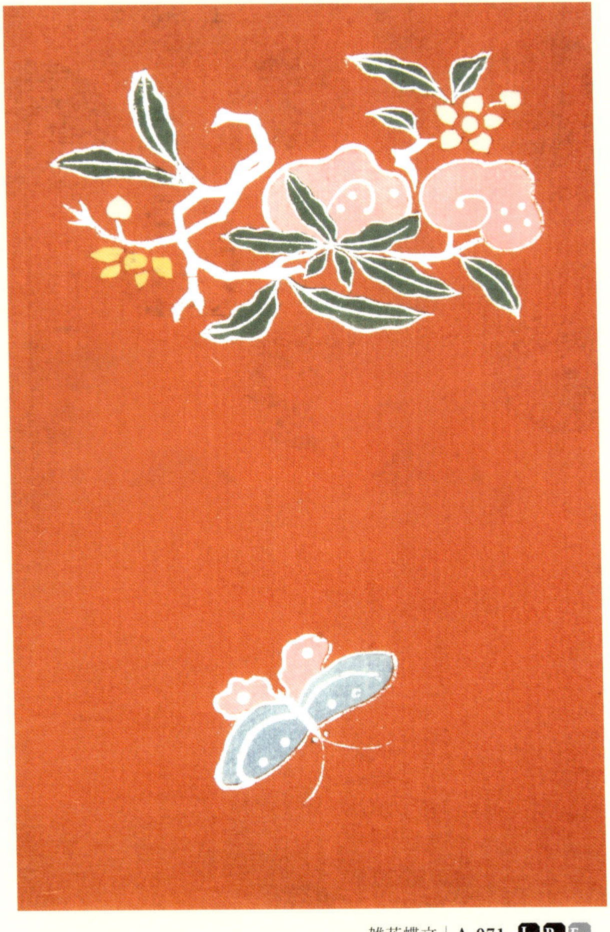

雑花蝶文｜A-071 Jpg Png Eps

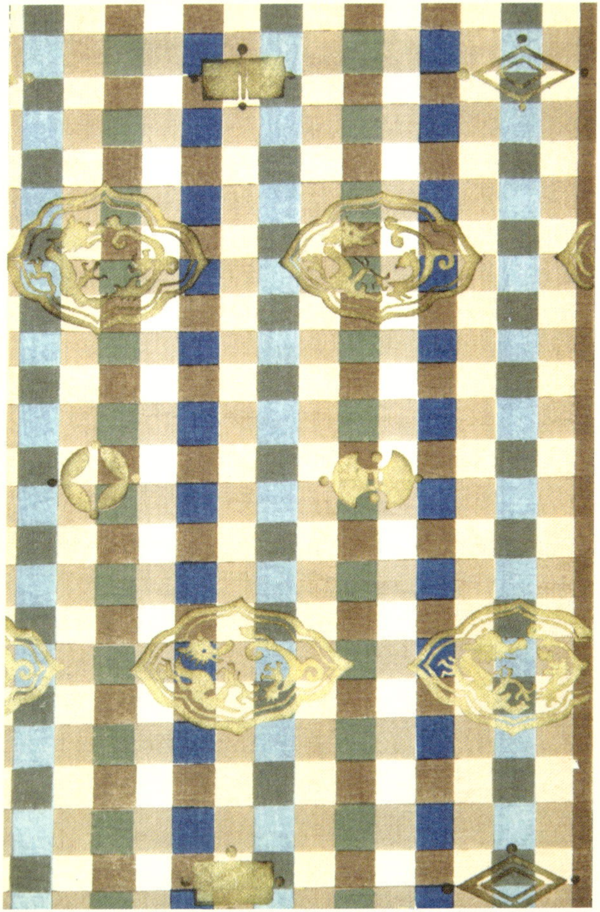

潜龍格子文｜A-074 Jpg Png Eps

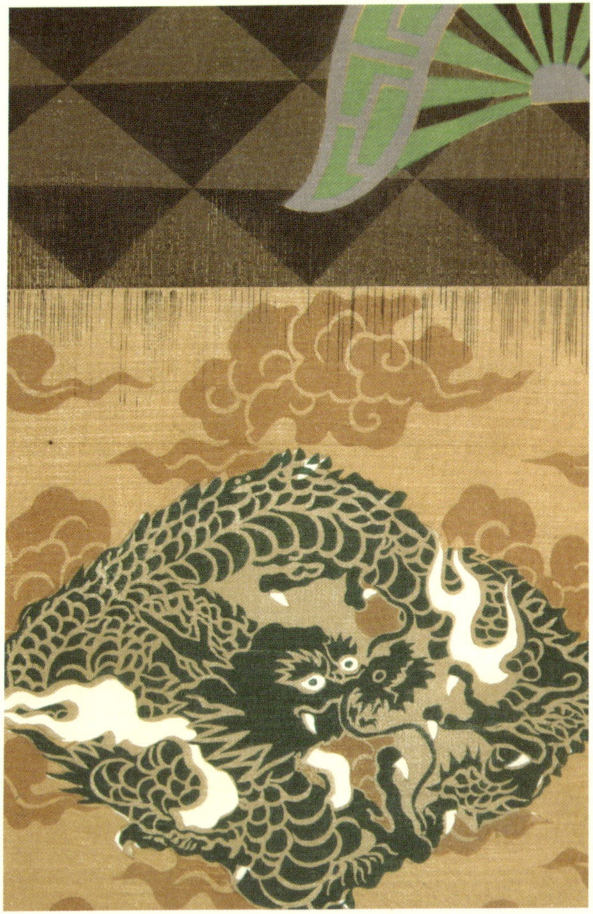

雲龍菱段織｜A-073 Jpg Png Eps

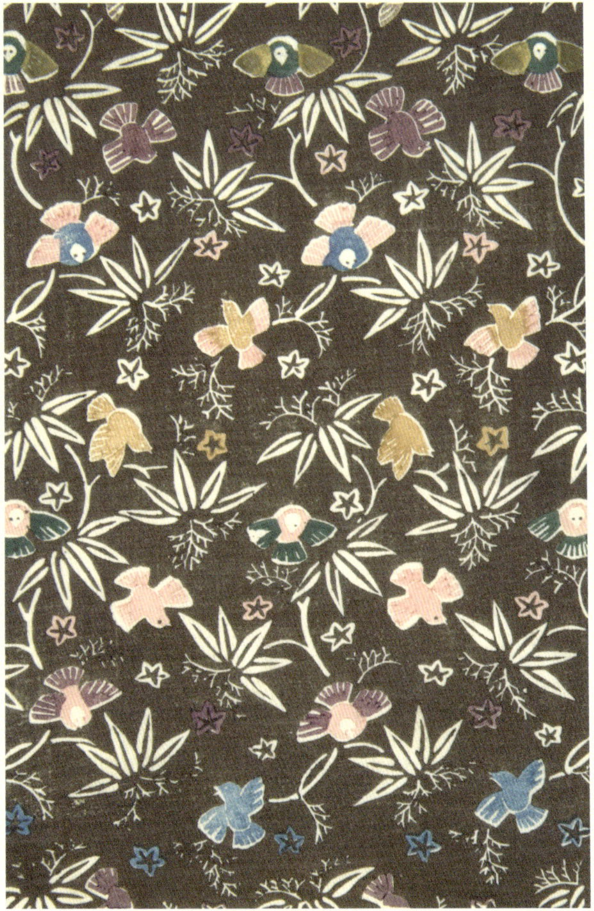

竹雀文 | **A-076** Jpg Png E

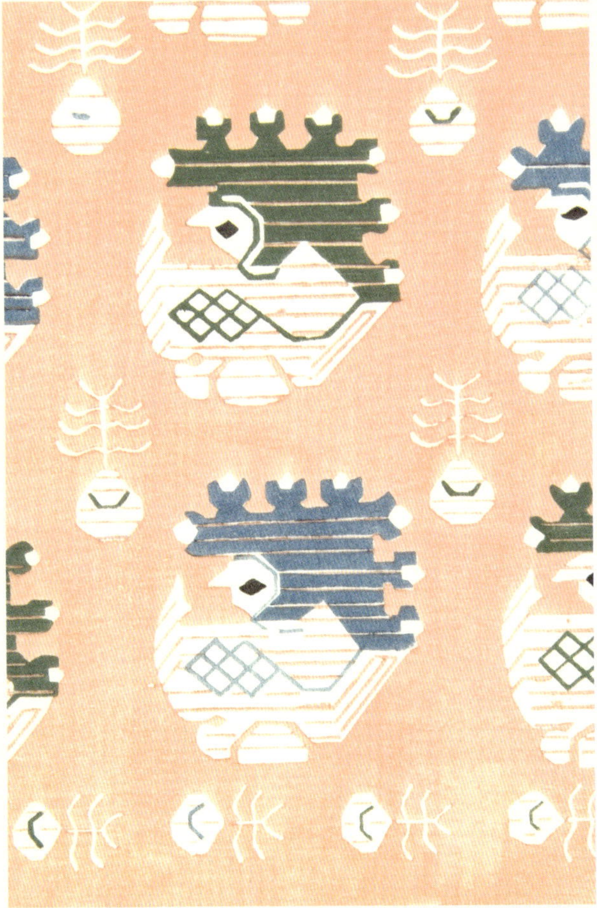

孔雀王苺文 | **A-075** Jpg Png Eps

栗鼠葡萄文｜A-078 Jpg Png Eps

龍丸霊芝唐草｜A-077 Jpg Png Eps

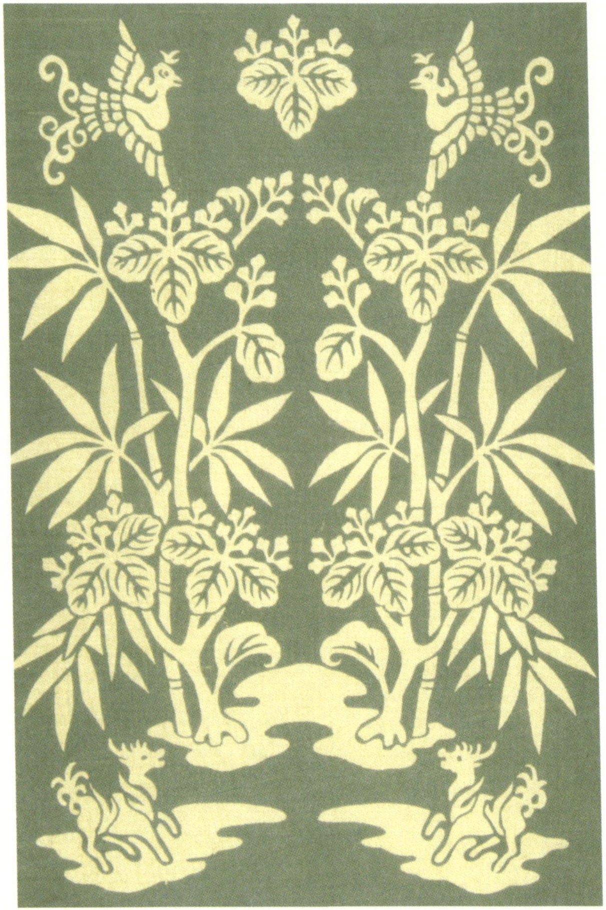

鳳凰文｜A-080 Jpg Png Eps

鷺蓮唐草｜A-0 79 Jpg Png Eps

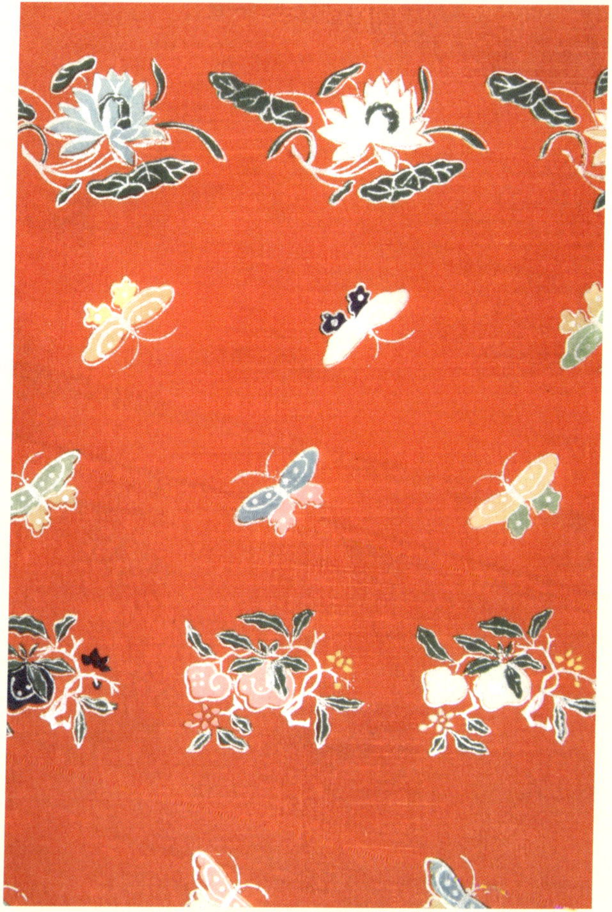

雑花蝶文 | A-082 Jpg Png Eps

鳳凰襷文 | A-081 Jpg Png Eps

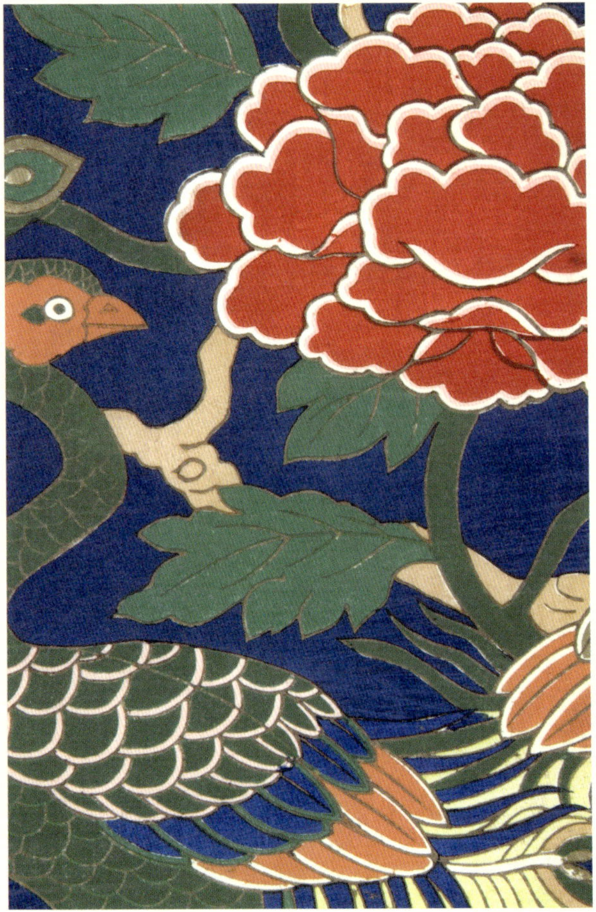

孔雀牡丹文｜A-084 Jpg Png Eps

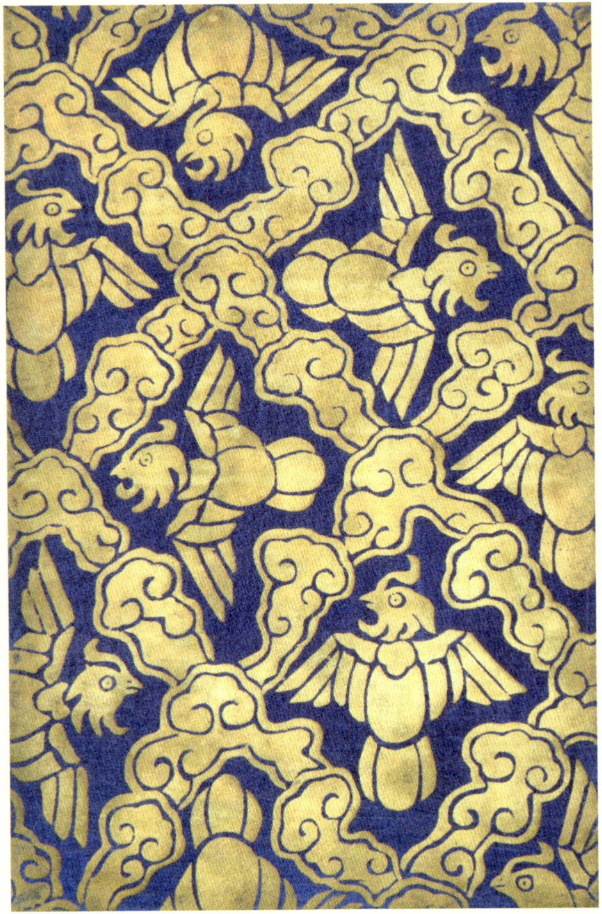

鴛鴦雲襷文｜A-083 Jpg Png Eps

牡丹菊蝶文 | A-086 Jpg Png Eps

獅子唐草文 | A-085 Jpg Png Eps

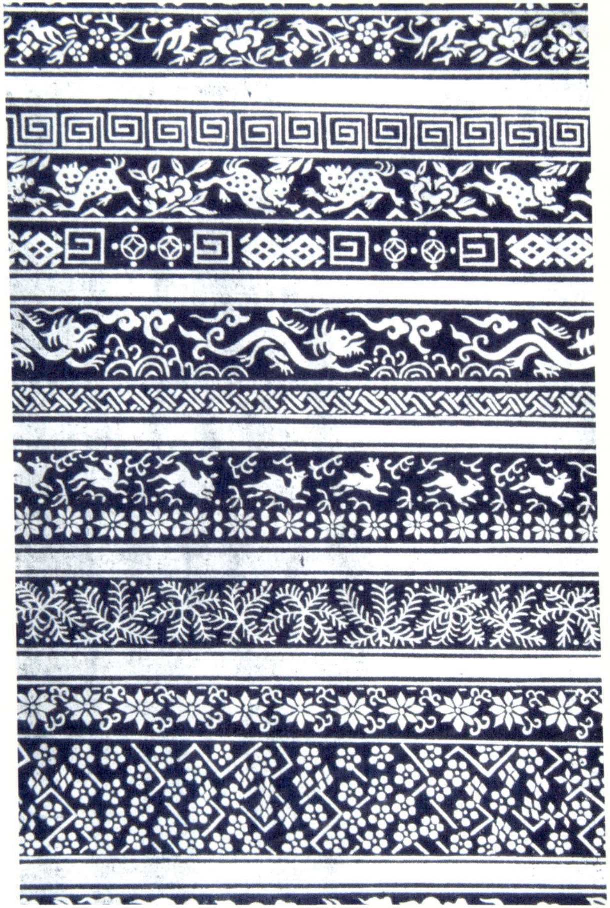

雑々段文｜A-088 Jpg Png Eps

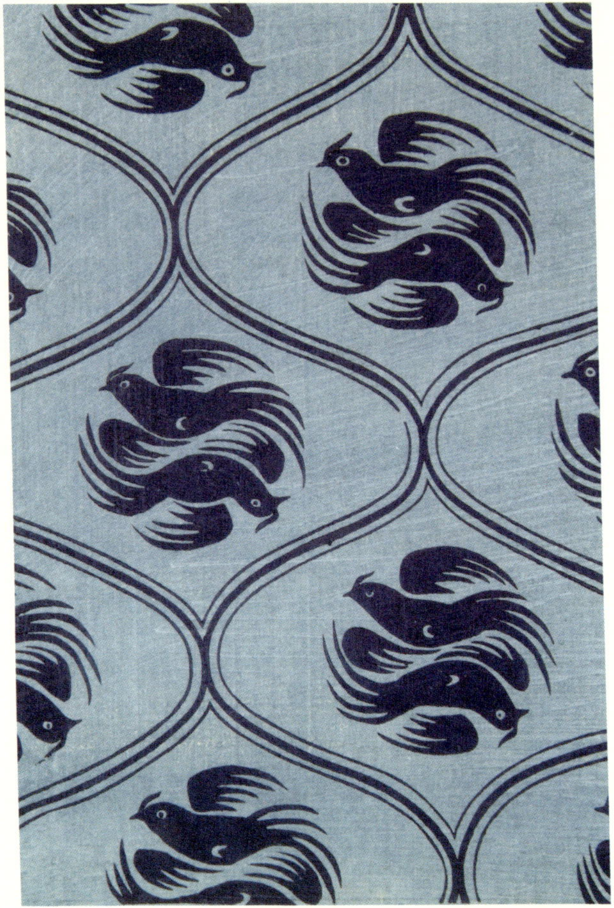

山鵲立涌｜A-087 Jpg Png Eps

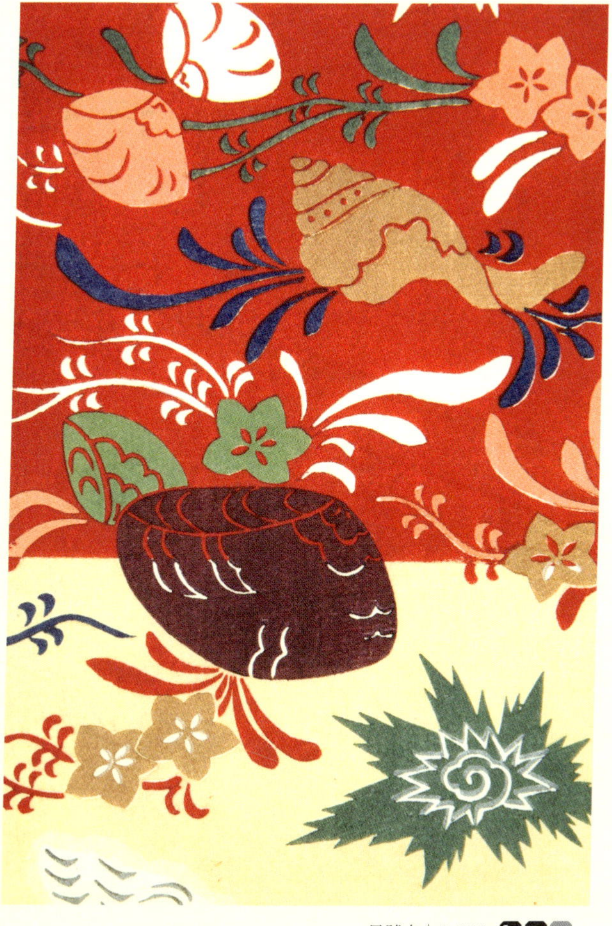

貝賊文｜A-090 Jpg Png Eps

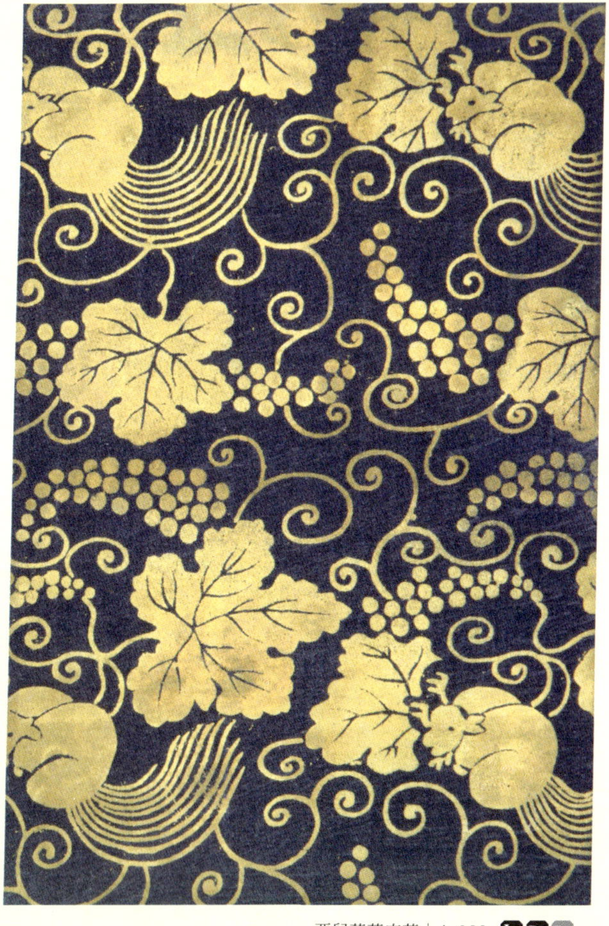

栗鼠葡萄唐草｜A-089 Jpg Png Eps

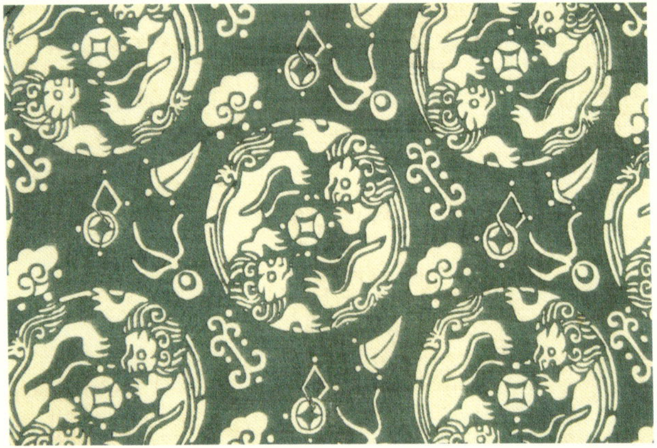

獅子団丸宝尽｜A-091 Jpg Png Eps

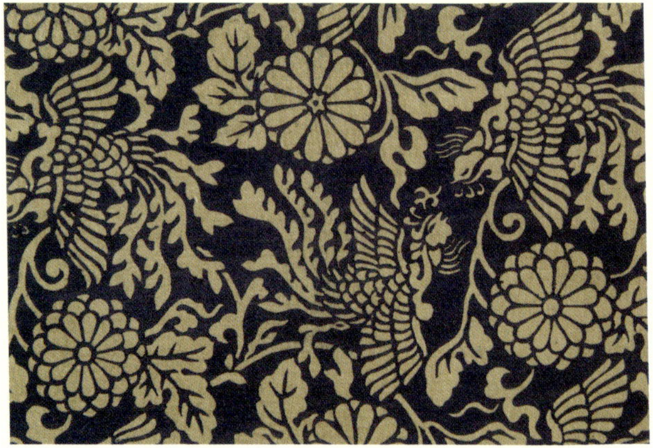

鳳凰菊唐草｜A-092 Jpg Png Eps

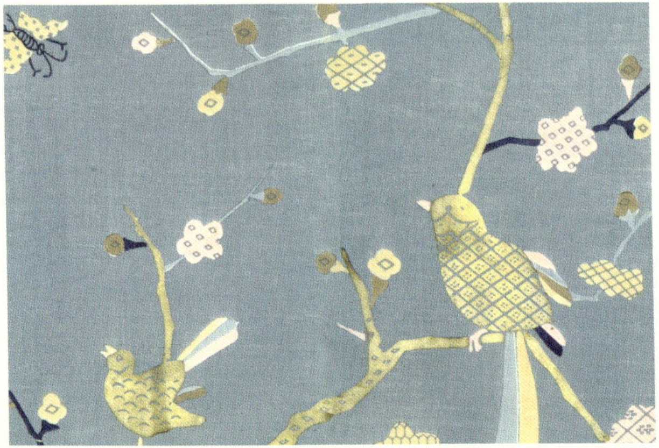

梅鶯文｜A-093 Jpg Png Eps

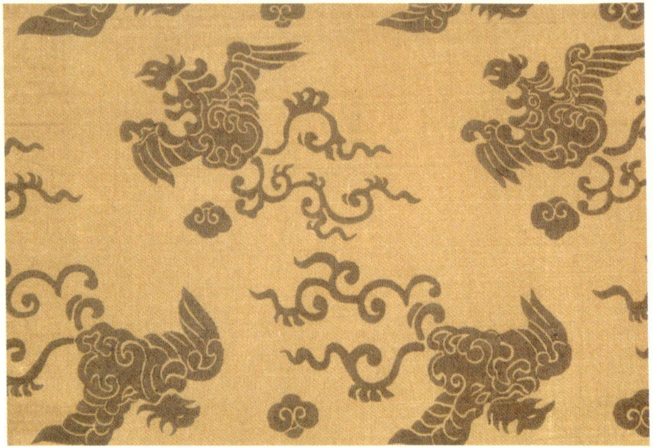

鳳凰異文｜A-094 Jpg Png Eps

幾何模様 天象器物

デフォルメしたパーツを連続させた幾何学模様に、調度品などの器物や、自然の波・雲などをモチーフにした文様など。生活と密接したところから発展した文様は、ユニークでポップなものが多く、魅力的です。

菱垣文｜A-095 Jpg Png Eps

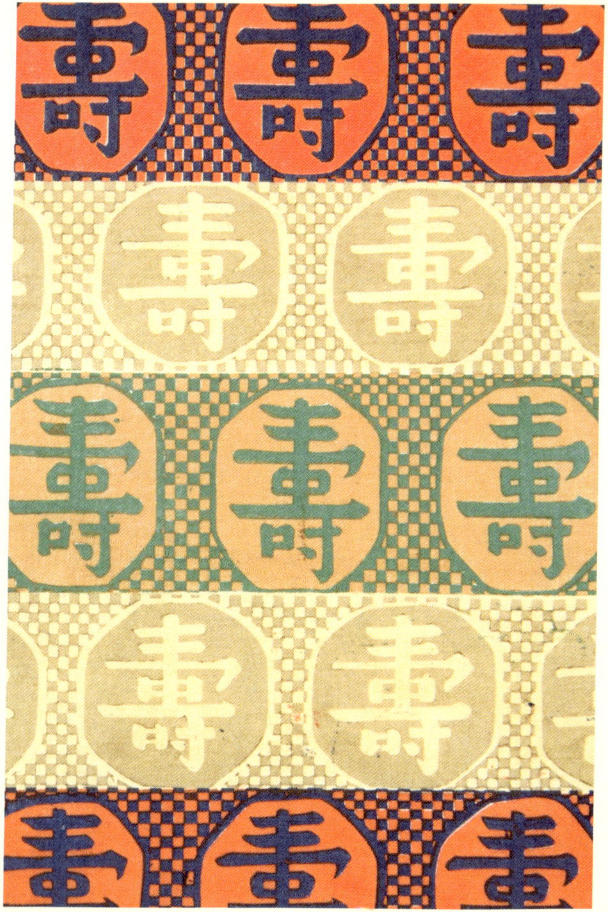

寿字文｜A-096 Jpg Png Eps

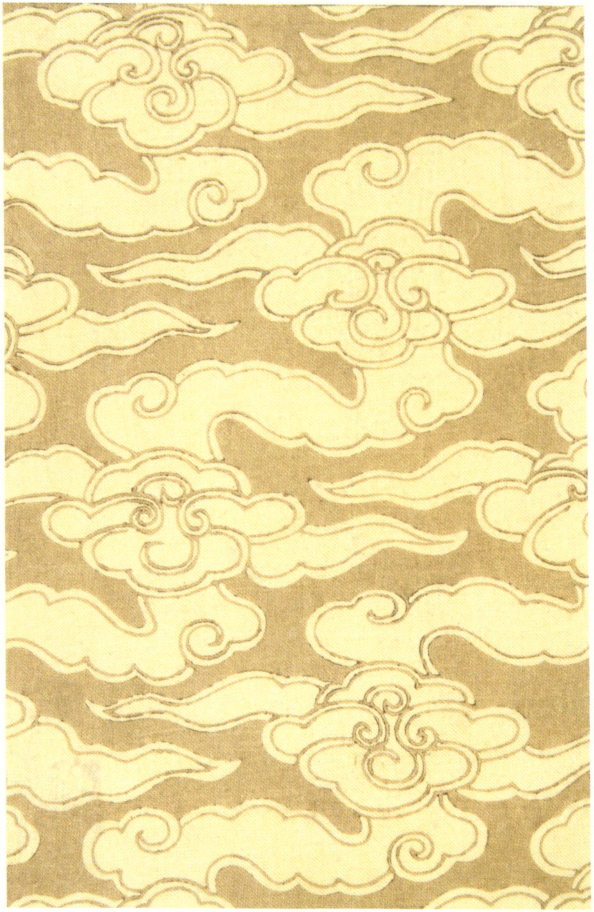

雲文｜**A-098** Jpg Png Eps

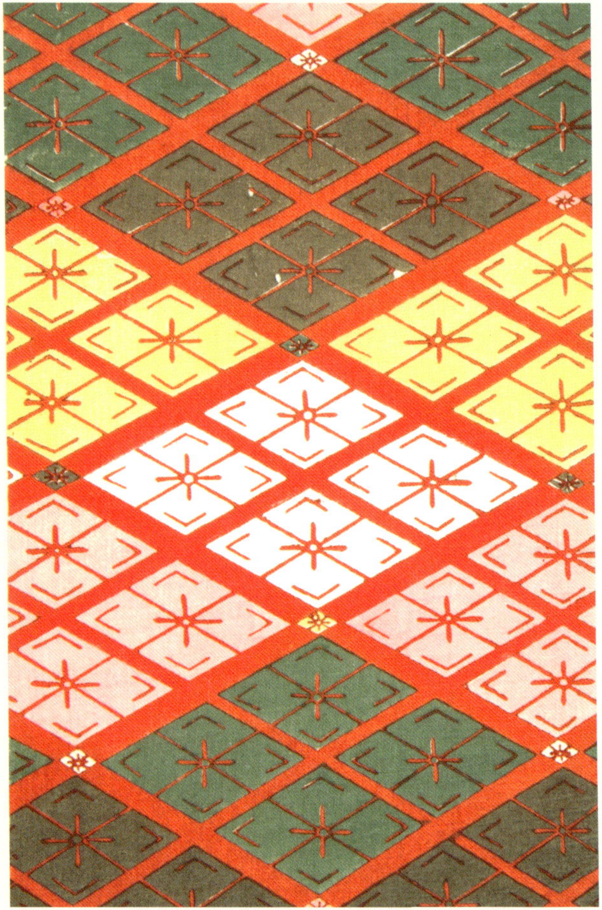

花菱文｜**A-097** Jpg Png Eps

蜀江異文 | A-100 Jpg Png Eps

蜀江異文 | A-099 Jpg Png Eps

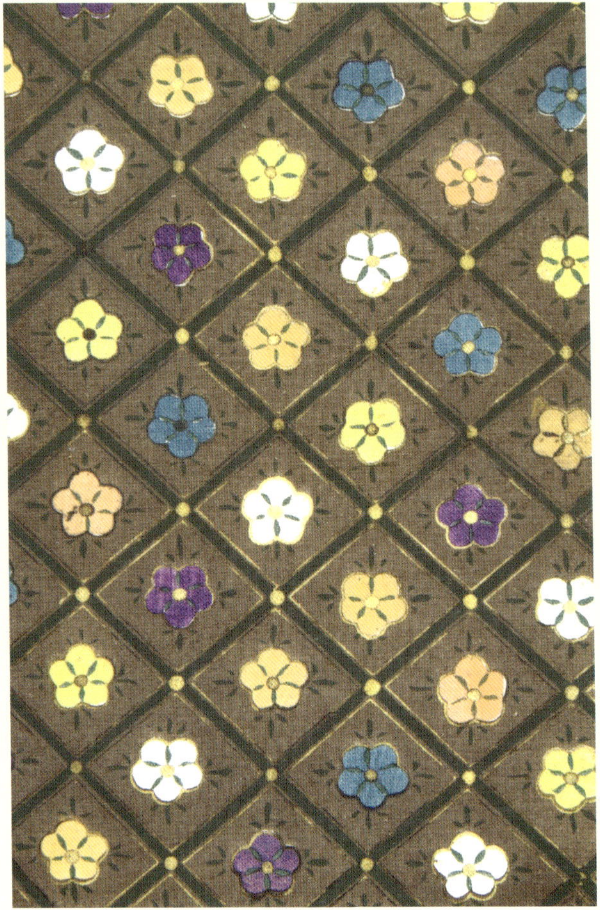

梅格子文｜**A-102** Jpg Png Eps

花文七宝｜**A-101** Jpg Png Eps

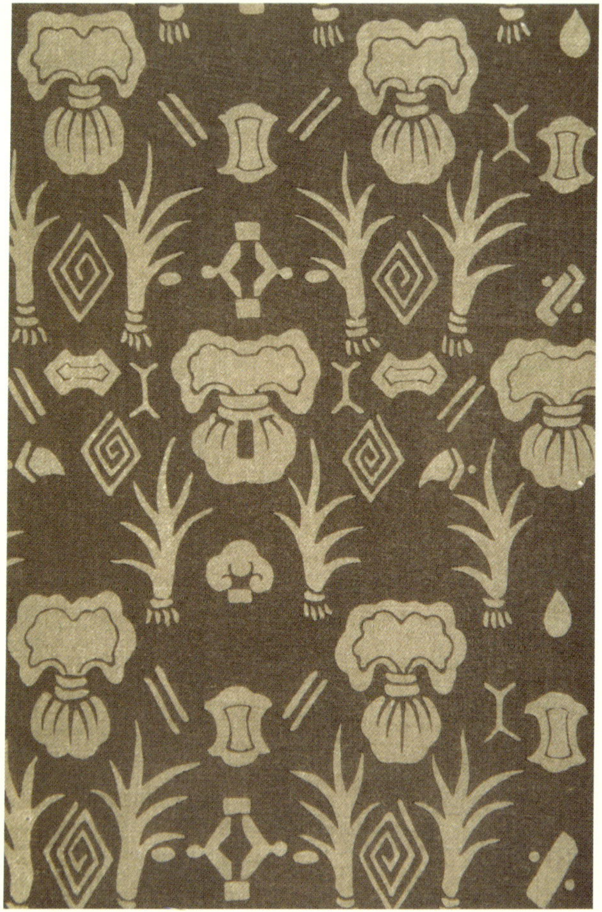

宝尽文 | A-104 Jpg Png Eps

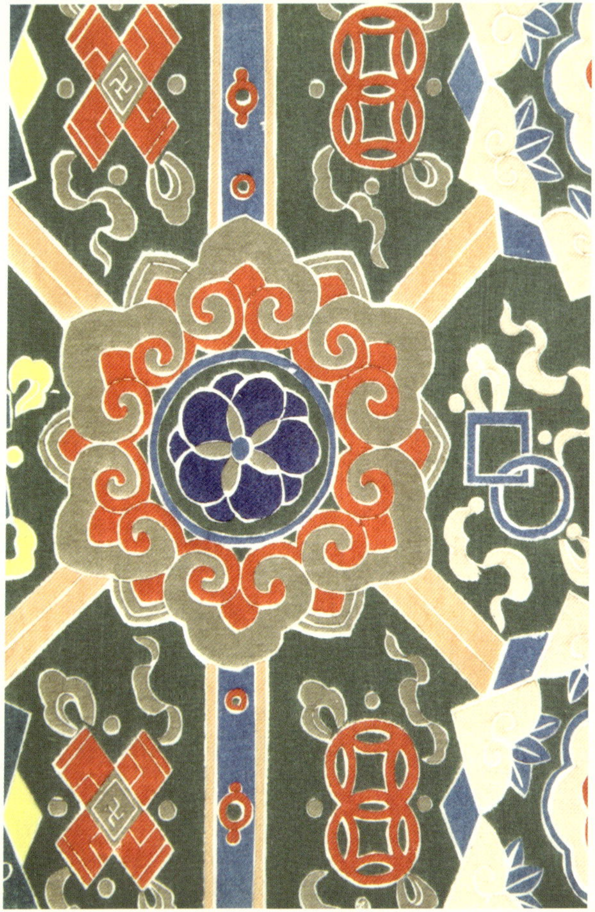

蜀江文 | A-103 Jpg Png Eps

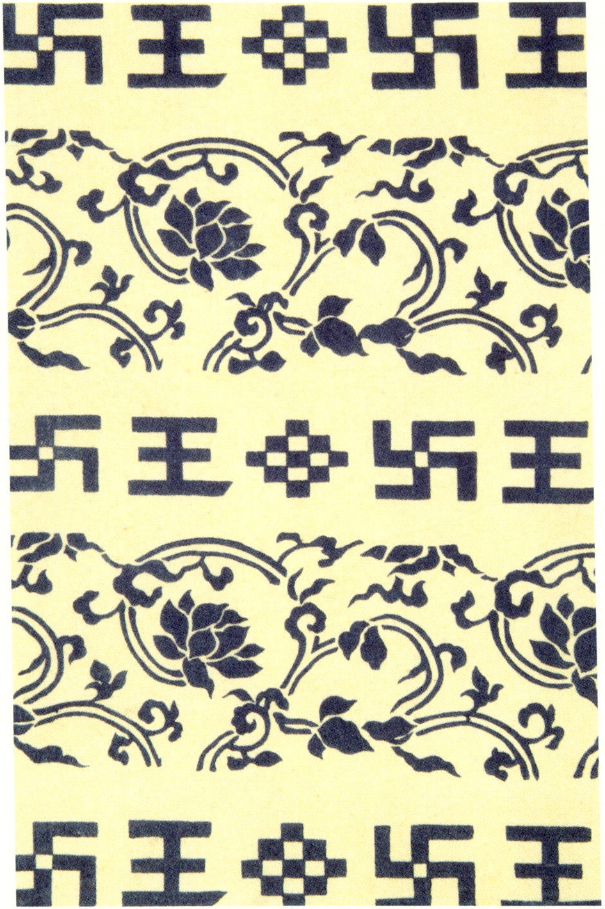

王卍字入唐草｜A-106 Jpg Png Eps

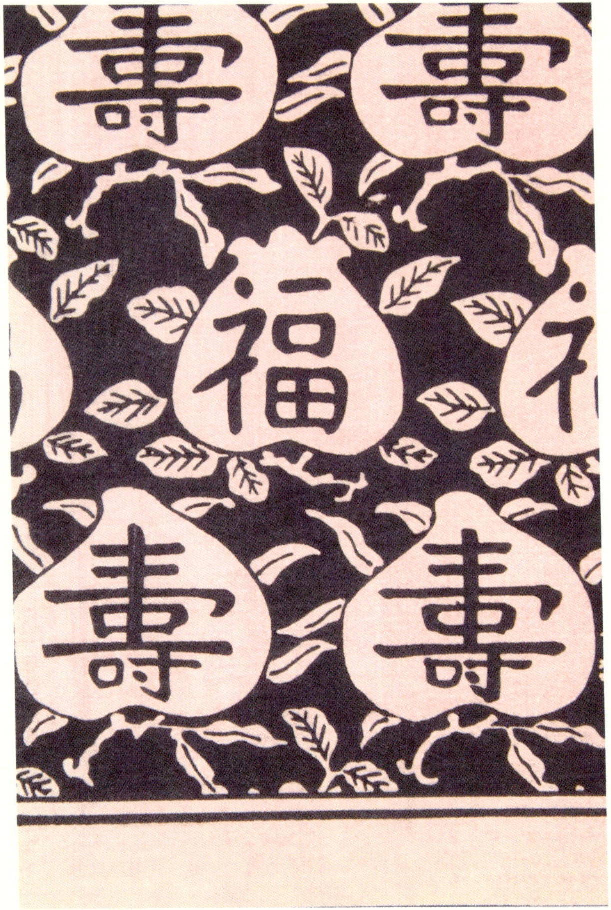

桃宝福寿文｜A-105 Jpg Png Eps

輪棒飛雲文｜A-108 Jpg Png Eps

濤間宝尽文｜A-107 Jpg Png Eps

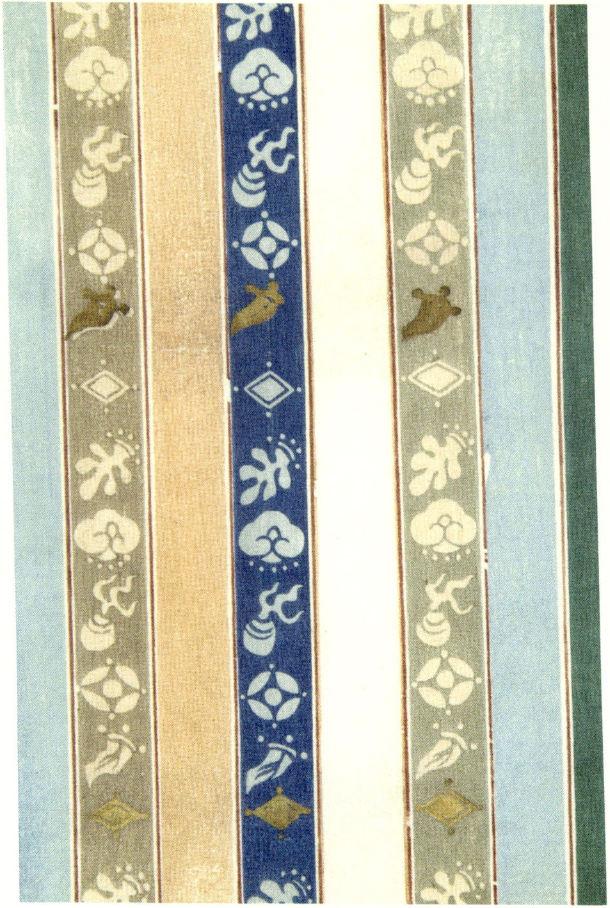

縦縞宝尽文｜A-110 Jpg Png Eps

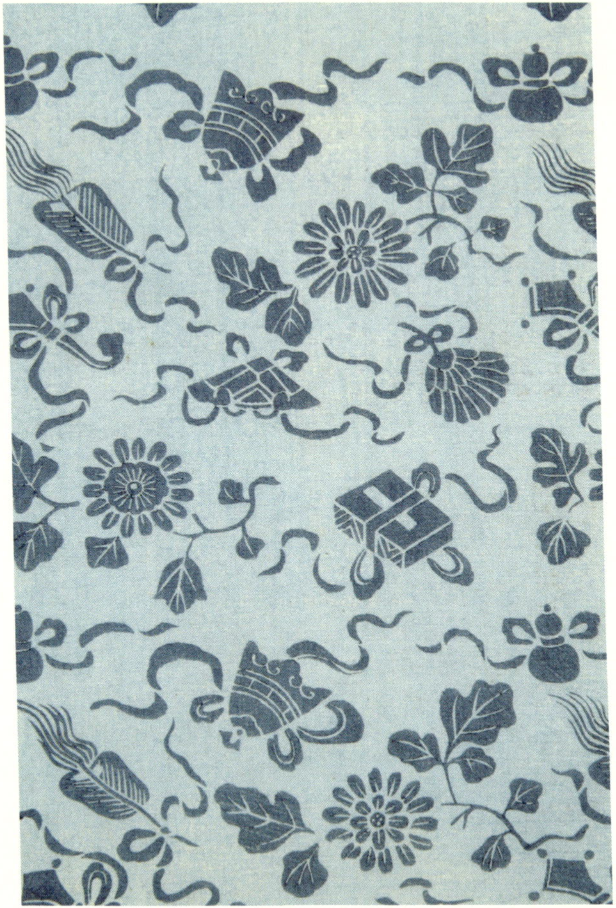

宝尽文｜A-109 Jpg Png Eps

菊牡丹卍字文｜A-112 Jpg Png Eps

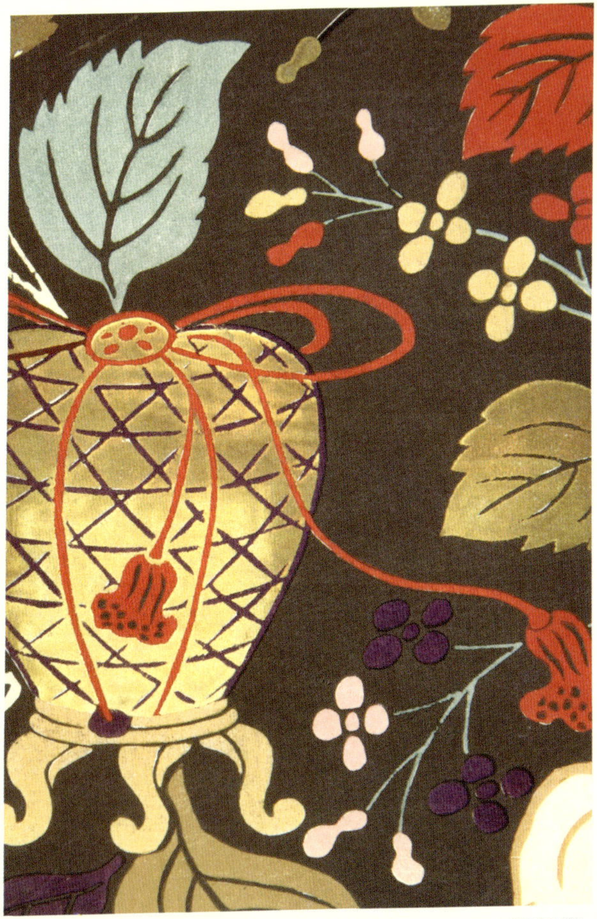

鳥籠草花文｜A-111 Jpg Png Eps

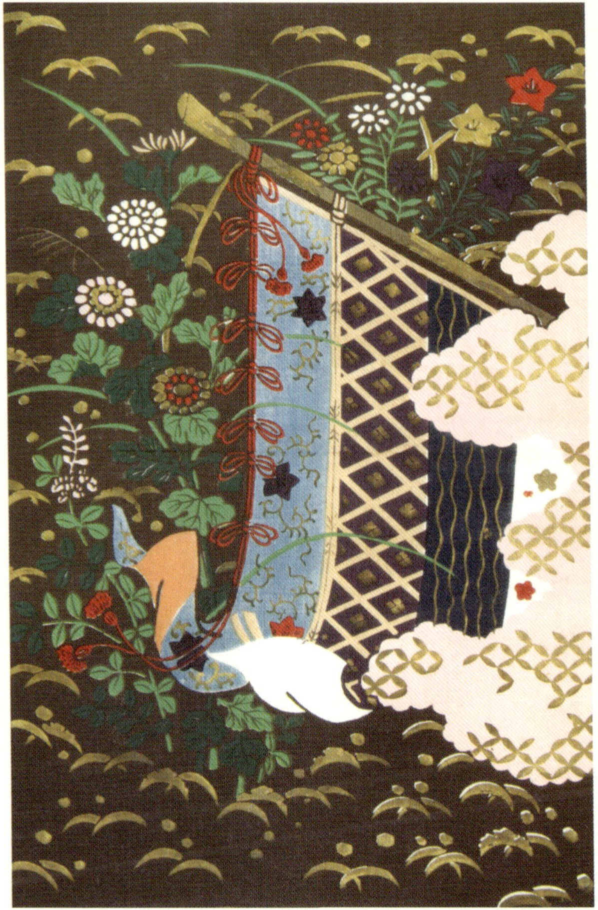

秋草几帳文｜A-114 Jpg Png Eps

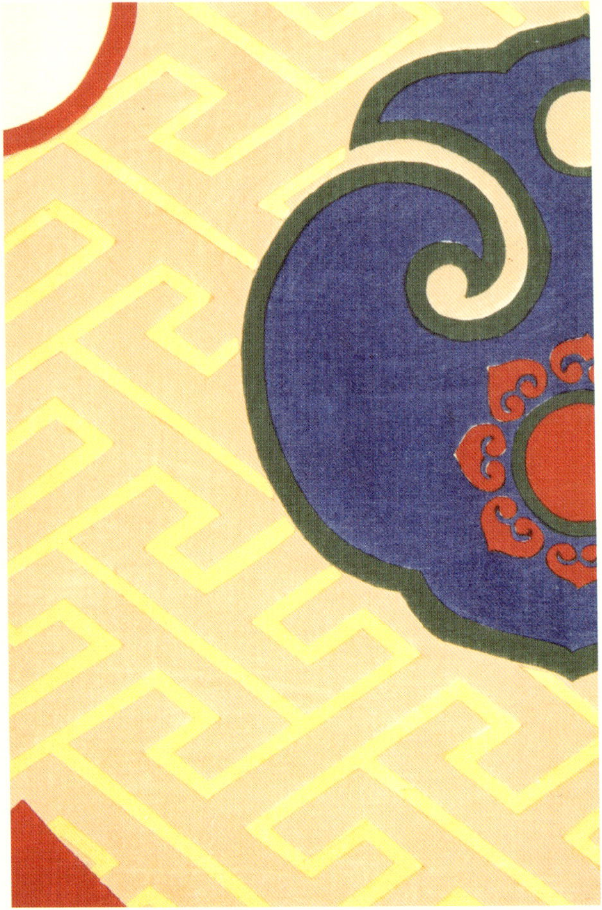

雲板釘抜文｜A-113 Jpg Png Eps

蜀江異文 | A-116 Jpg Png Eps

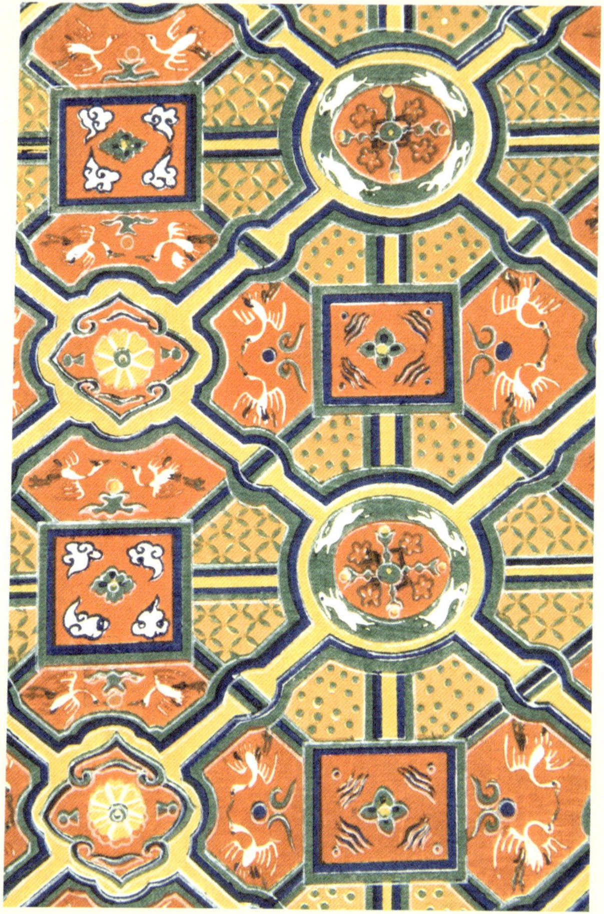

蜀江錦文 | A-115 Jpg Png Eps

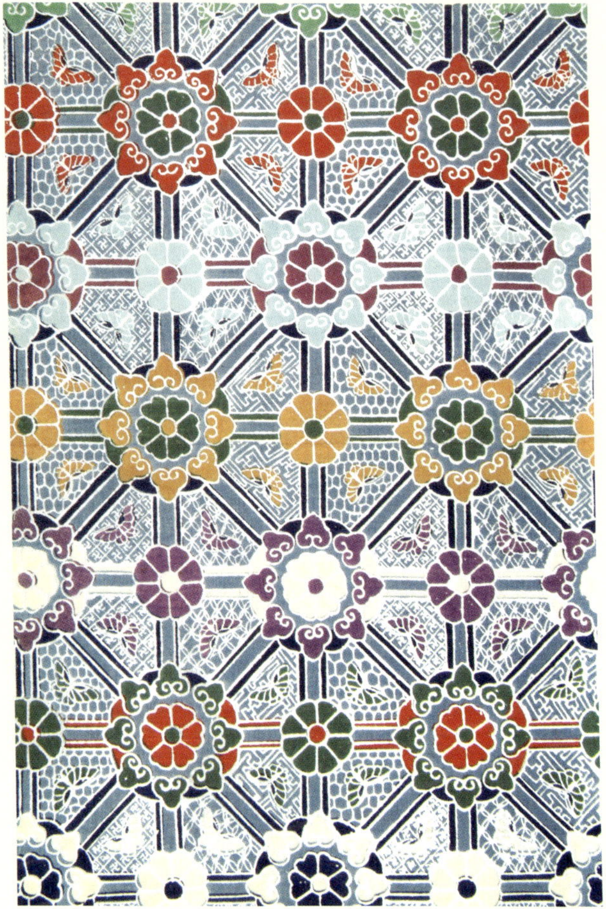

蜀江異文 | A-118 Jpg Png Eps

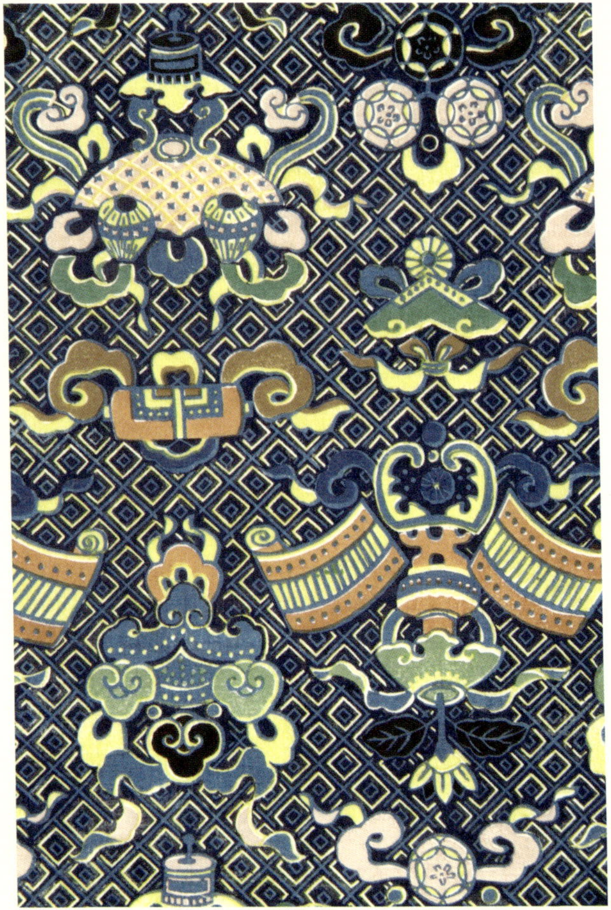

宝尽文 | A-117 Jpg Png Eps

菱垣車文｜A-120 Jpg Png Eps

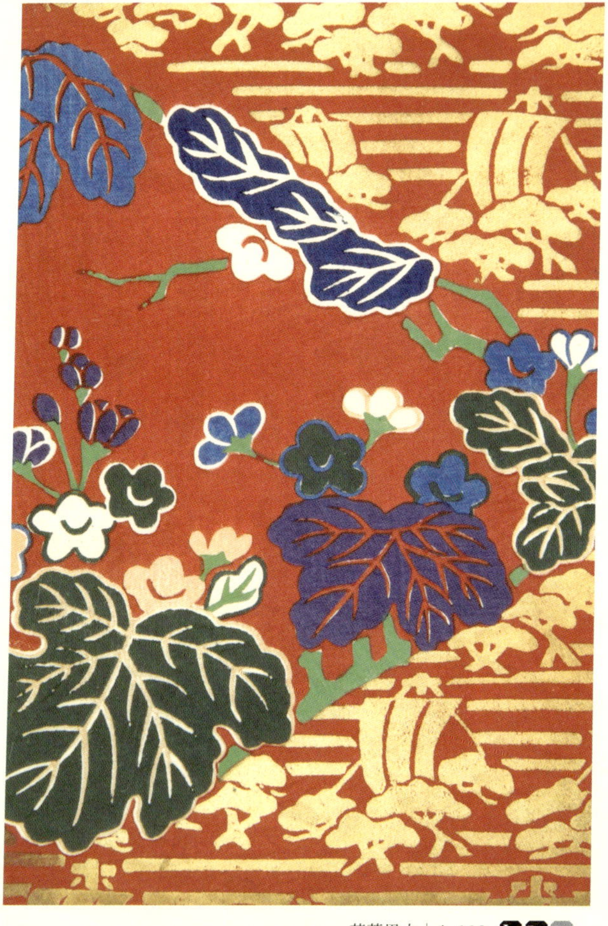

花菱異文｜A-119 Jpg Png Eps

雑花雲文 | **A-122** Jpg Png Eps

鳥手蜀江文 | **A-121** Jpg Png Eps

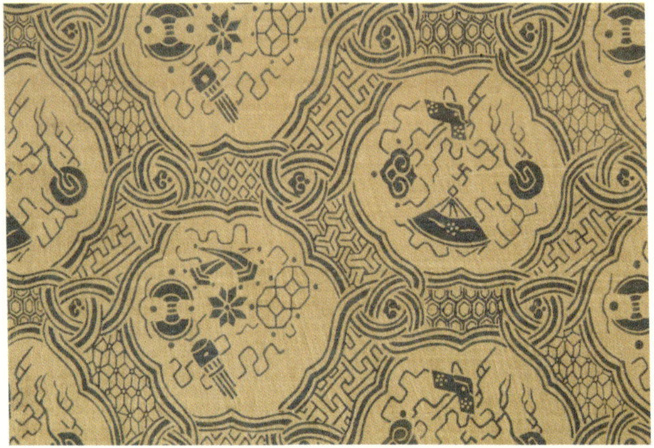

宝尽蜀江異文 | **A-124** Jpg Png Eps

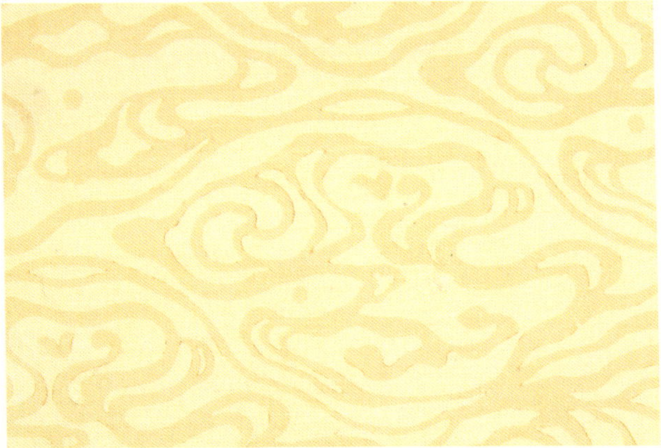

波立涌文 | **A-123** Jpg Png Eps

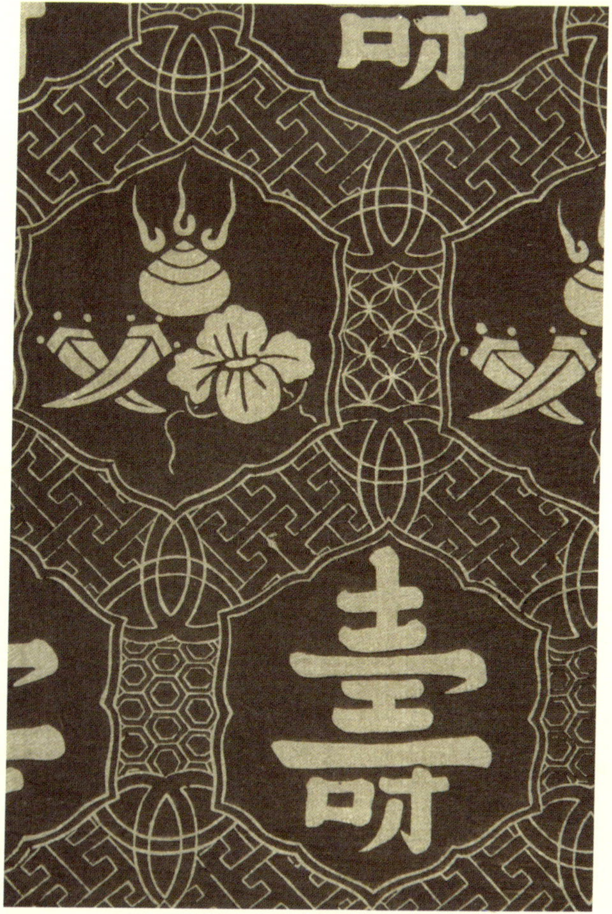

寿字宝尽亀甲文 | A-126 Jpg Png Eps

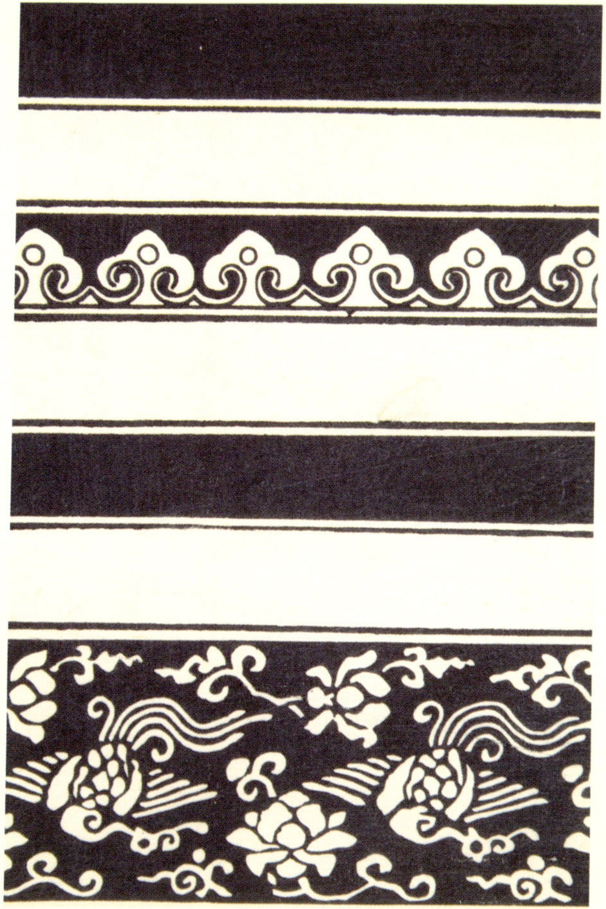

鳳凰霊芝段織文 | A-125 Jpg Png Eps

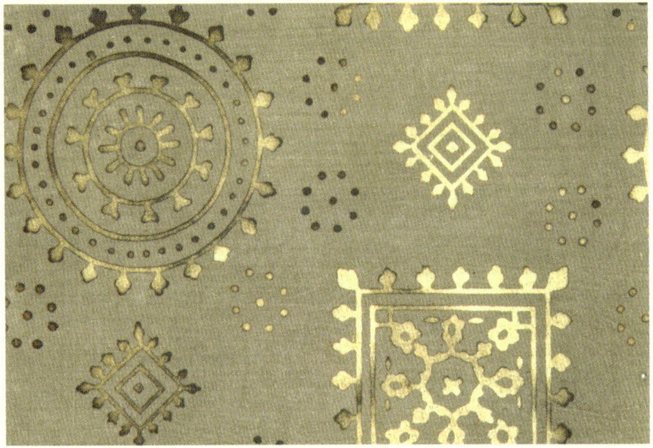

方円異文 | **A-127** Jpg Png Eps

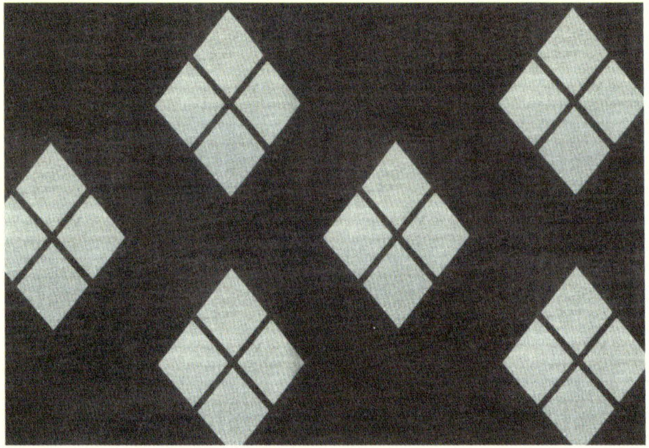

武田菱 | **A-128** Jpg Png Eps

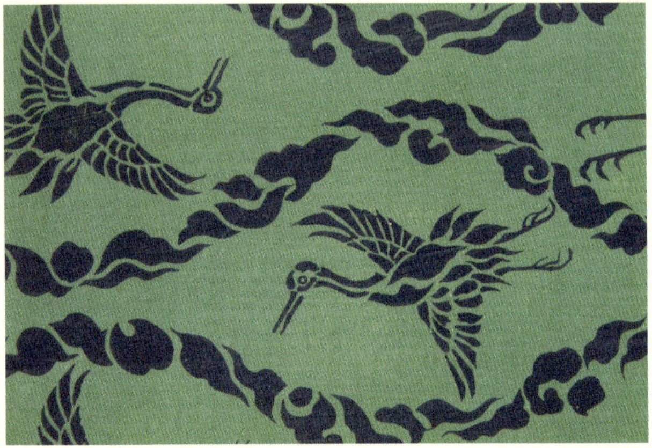

雲鶴文 | **A-129** Jpg Png Eps

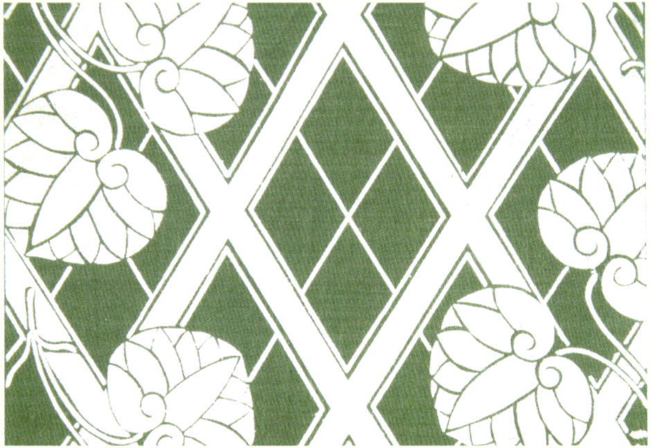

二葉葵武田菱文 | **A-130** Jpg Png Eps

プリントしてブックカバーに…

［使用素材］
A-081

本の種類に合わせて、オリジナルのカバーづくり。

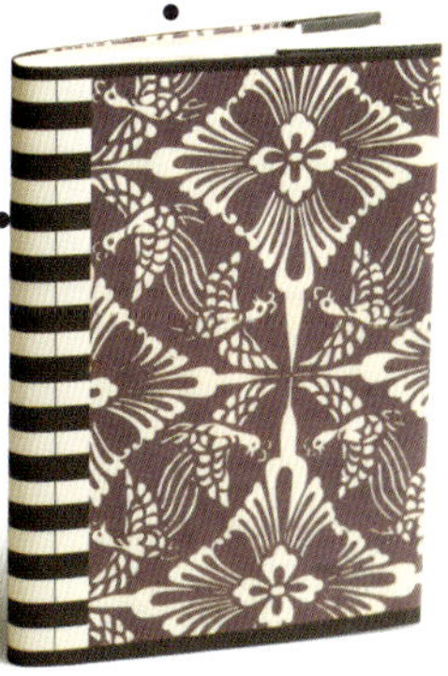

Scene 2

【装飾素材】

Decoration Parts

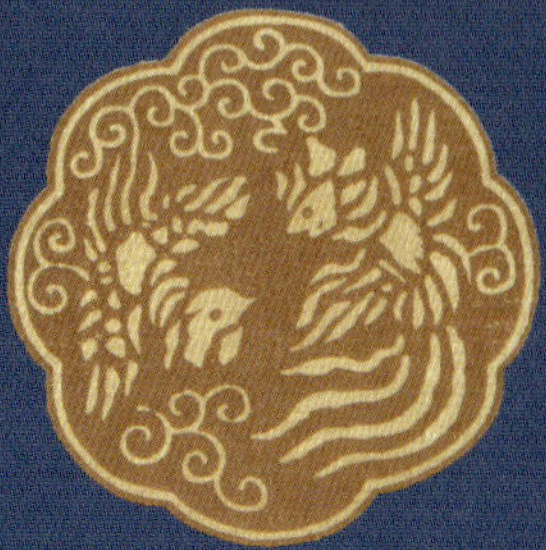
B-001

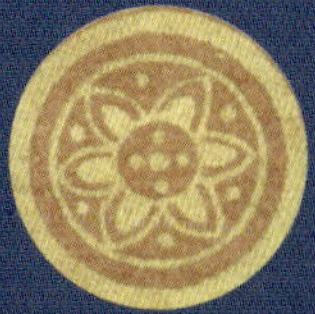
B-002

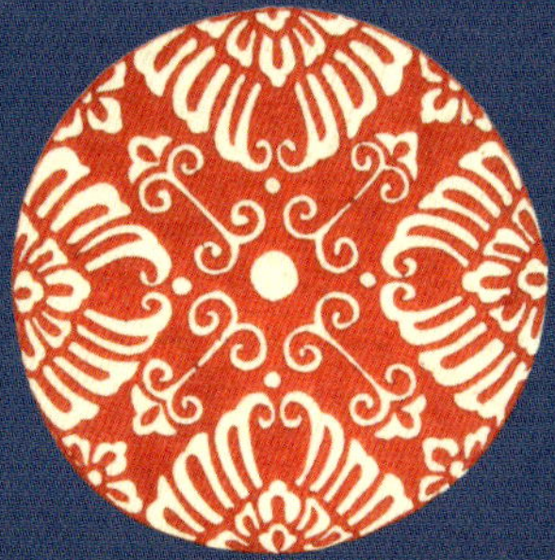
B-003

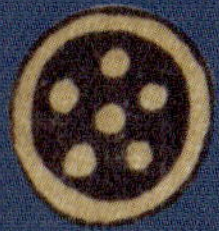
B-004

B-005

B-006

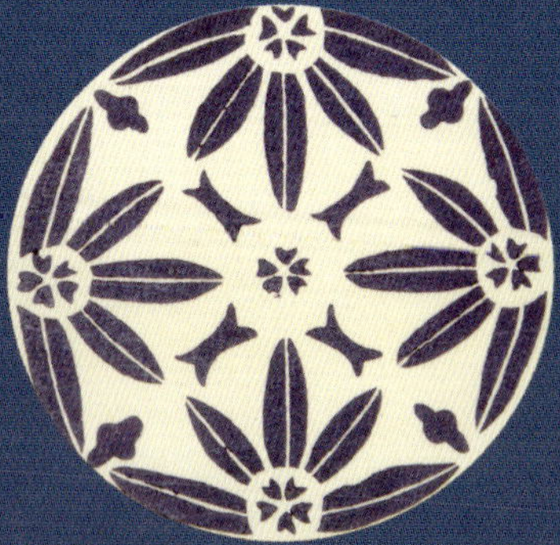
B-007

B-008

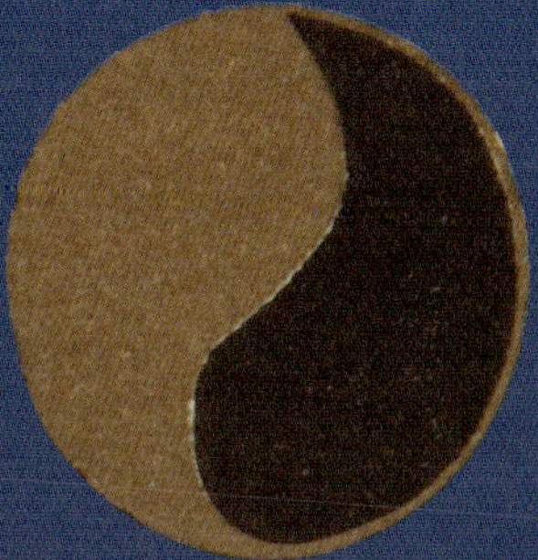
B-009

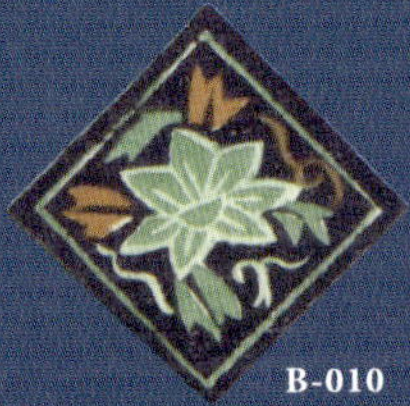
B-010

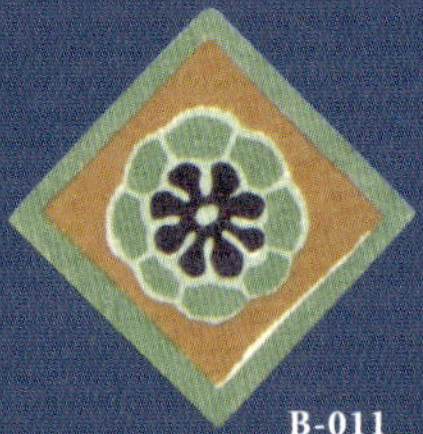
B-011

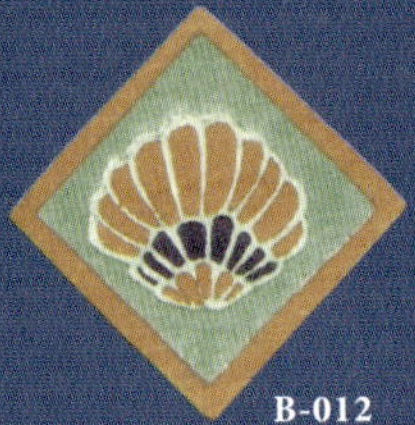
B-012

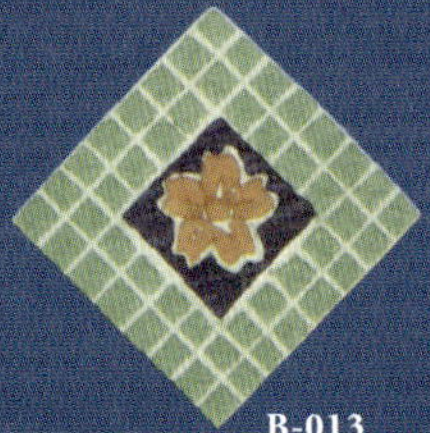
B-013

B-014

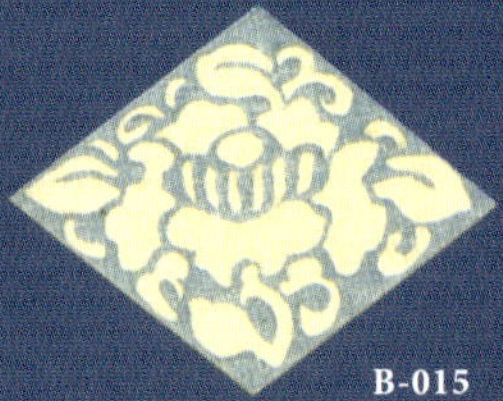
B-015

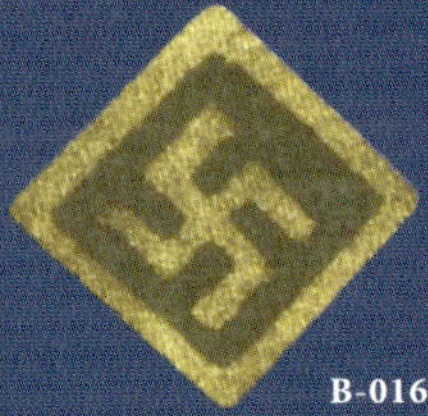
B-016

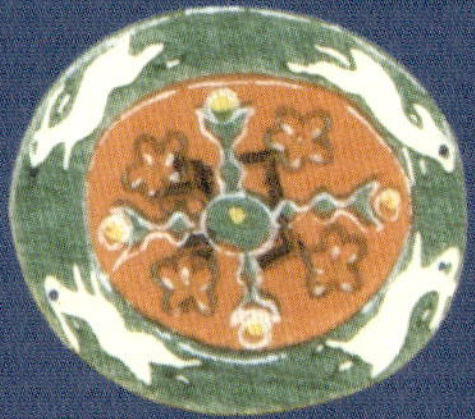
B-017

B-018

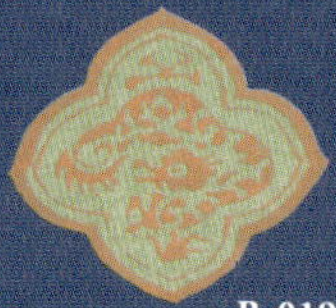
B-019

B-020

B-021

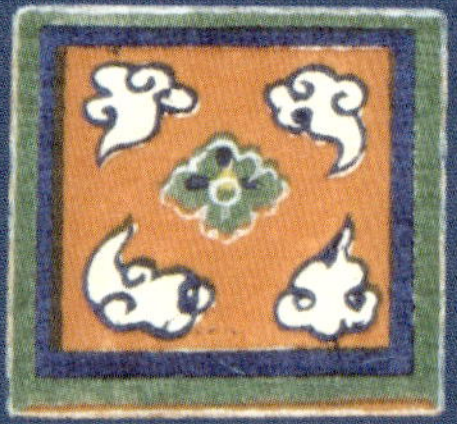
B-022

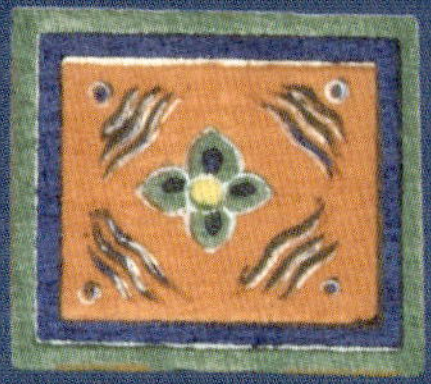
B-023

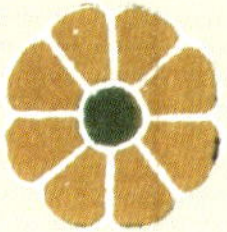
B-024

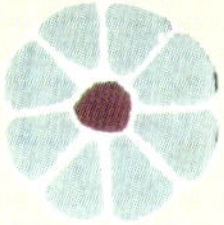
B-025

B-026

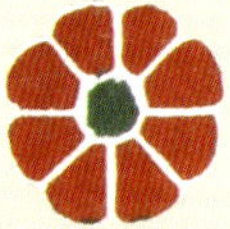
B-027

B-028

B-029

B-030

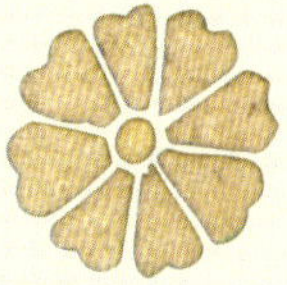
B-031

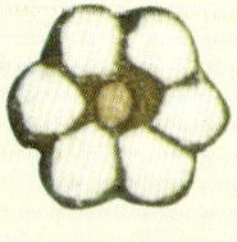
B-032

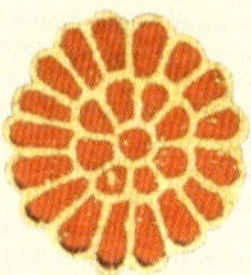
B-033

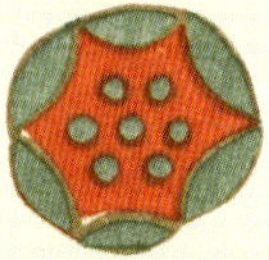
B-034

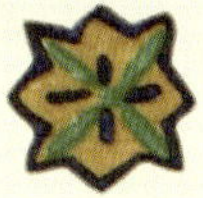
B-035

B-036

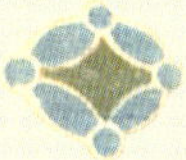
B-037

B-038

B-039

B-040

B-041

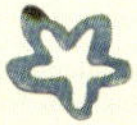
B-042

B-043

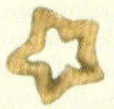
B-044

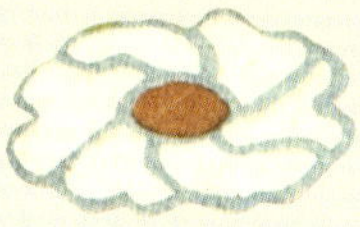
B-045

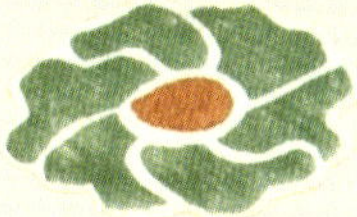
B-046

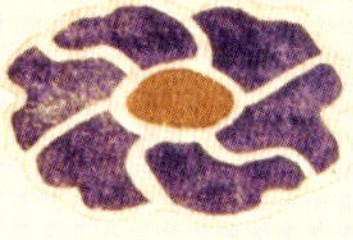
B-047

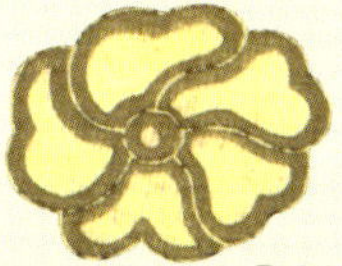
B-048

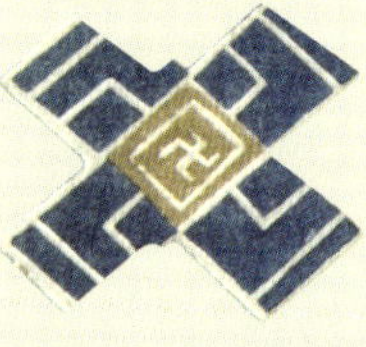
B-049

B-024 ～ 062 Jpg Png Eps

B-060

B-057

B-053

B-050

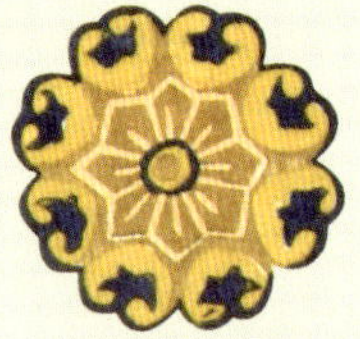
B-054

B-061

B-058

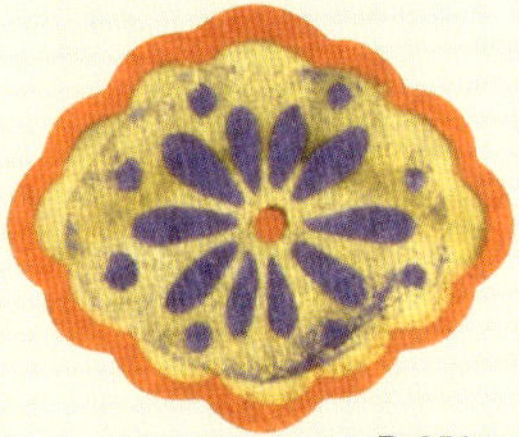
B-051

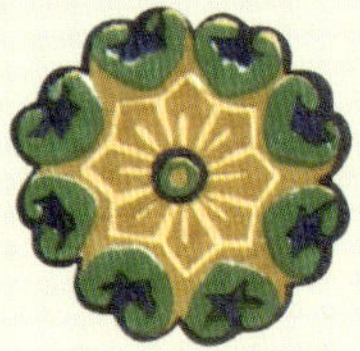
B-055

B-062

B-059

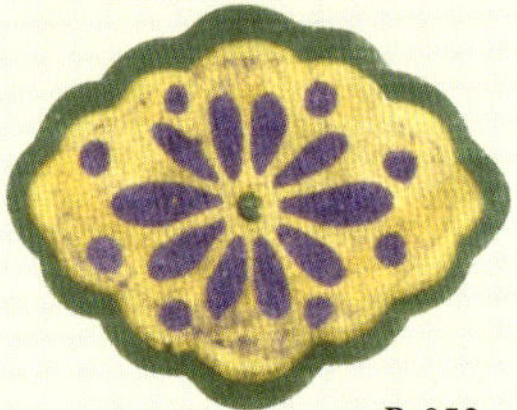
B-052

B-056

B-068

B-065

B-063

B-069

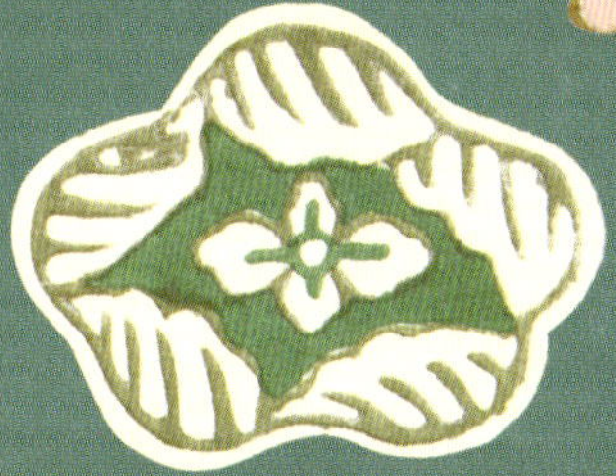

B-066

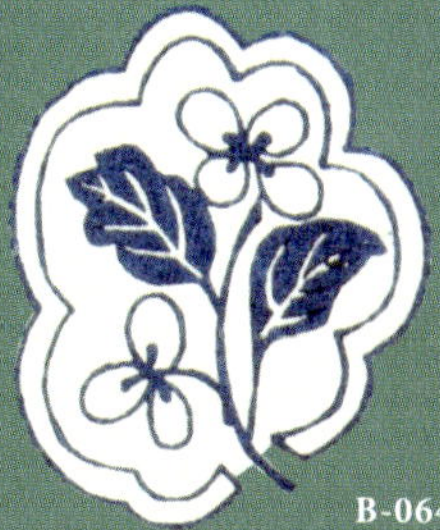

B-064

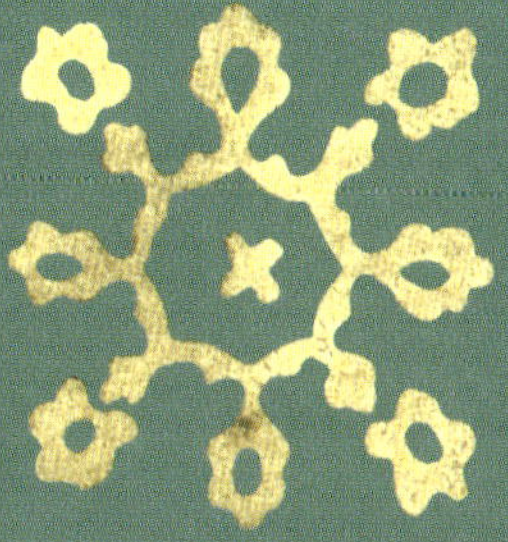

B-070

B-067

B-063 ～ 085 Jpg Png Eps

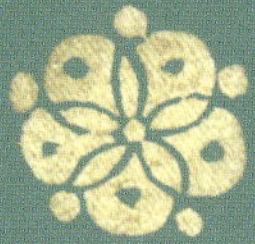
B-083

B-080

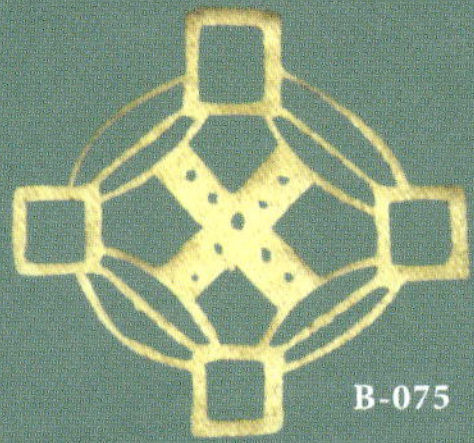
B-075

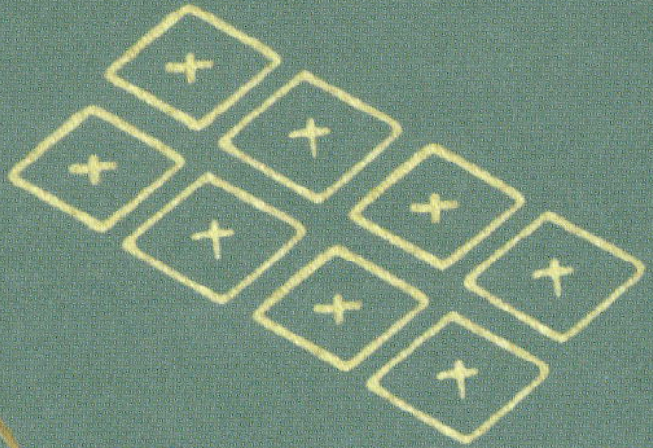
B-071

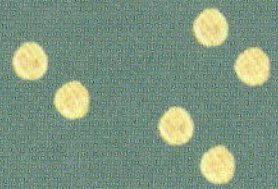
B-084

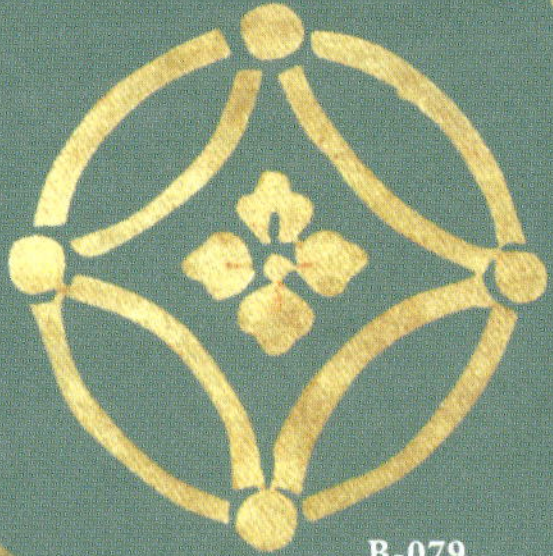
B-079

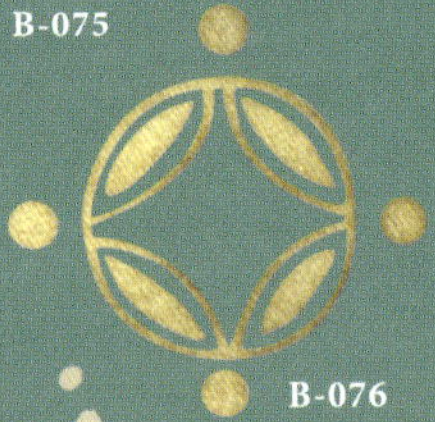
B-076

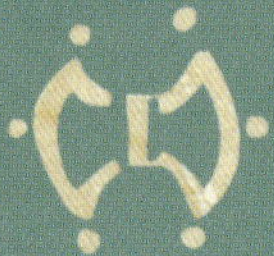
B-077

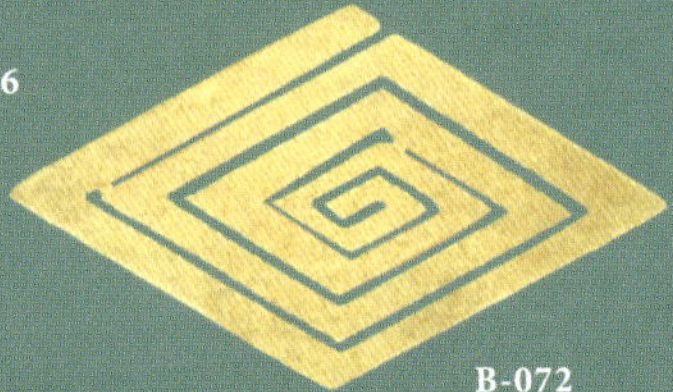
B-072

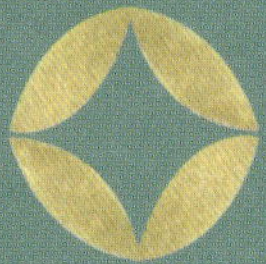
B-085

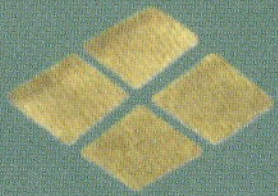
B-081

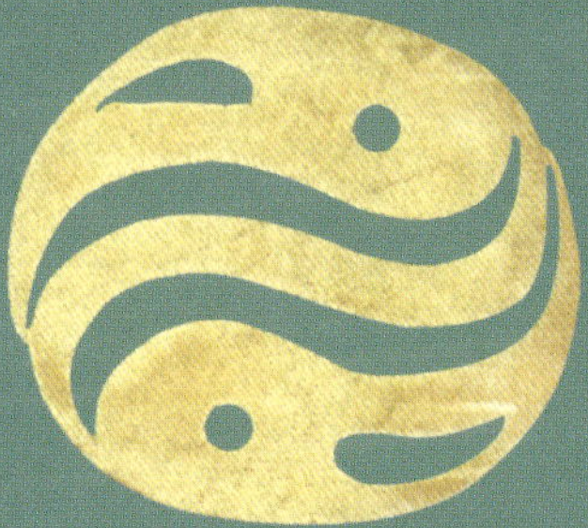
B-082

B-078

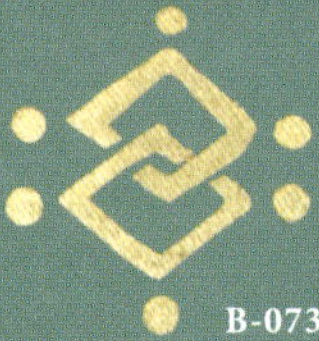
B-073

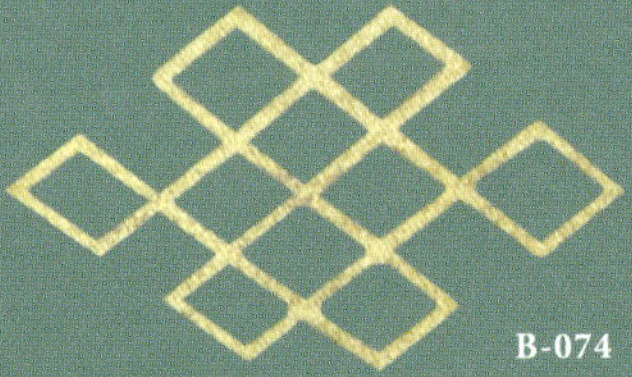
B-074

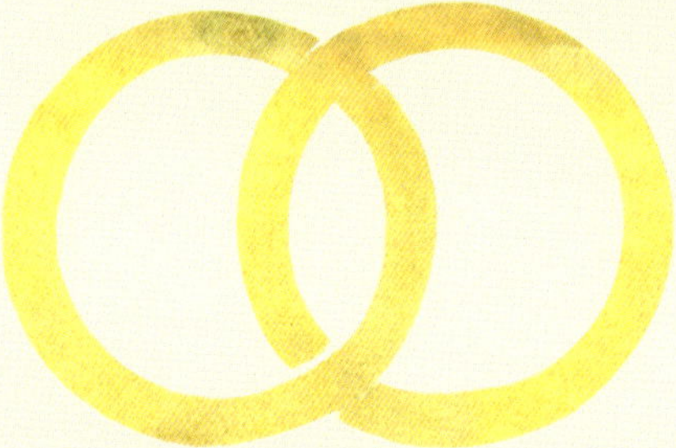

B-089

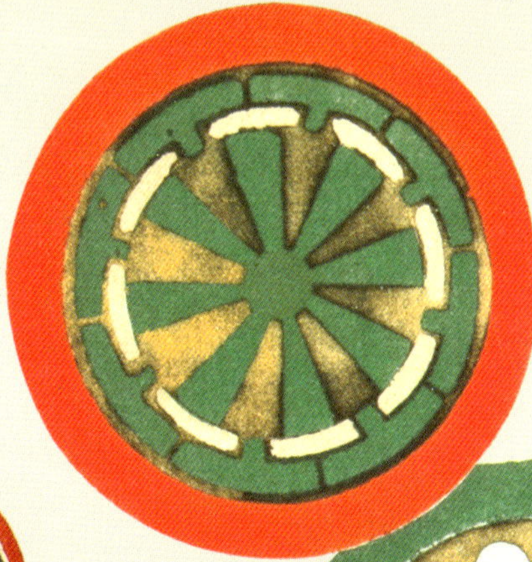

B-087

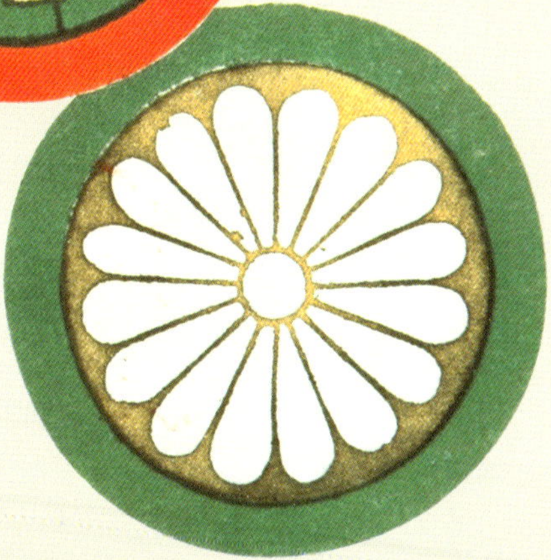

B-086

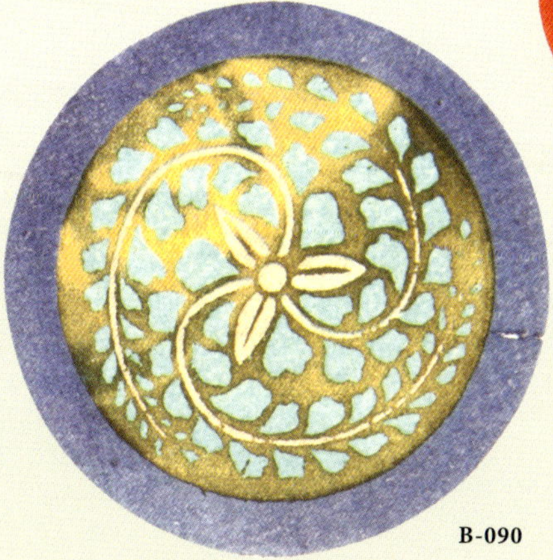

B-090

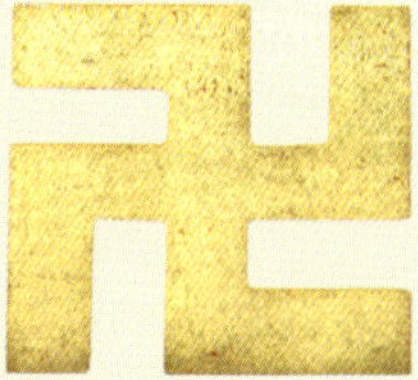

B-088

B-086 ～ 097 Jpg Png Eps

B-096

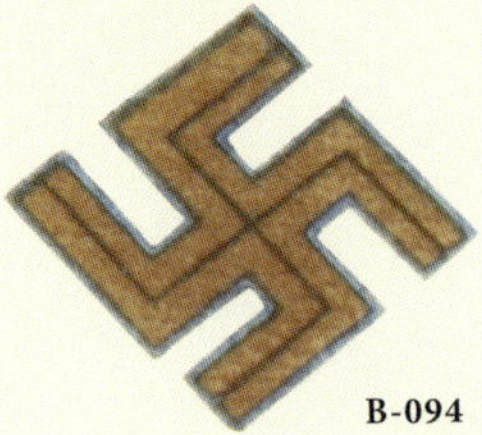
B-094

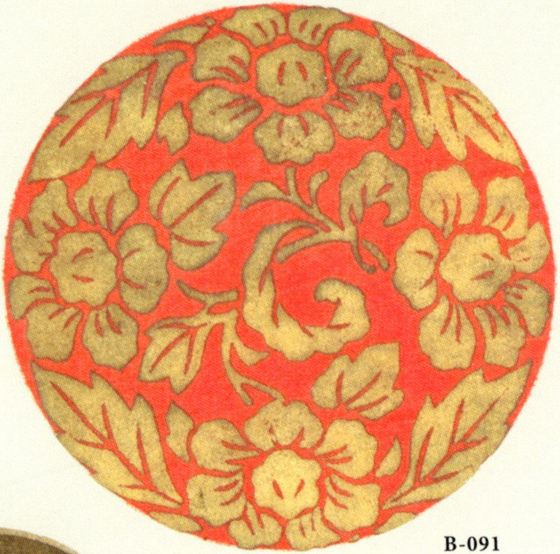
B-091

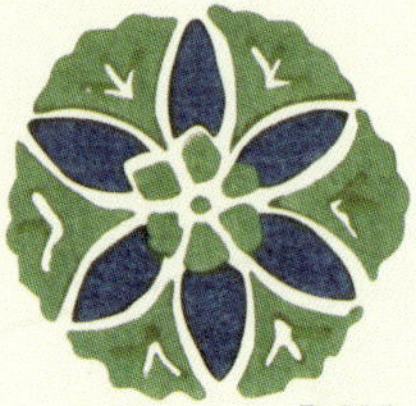
B-097

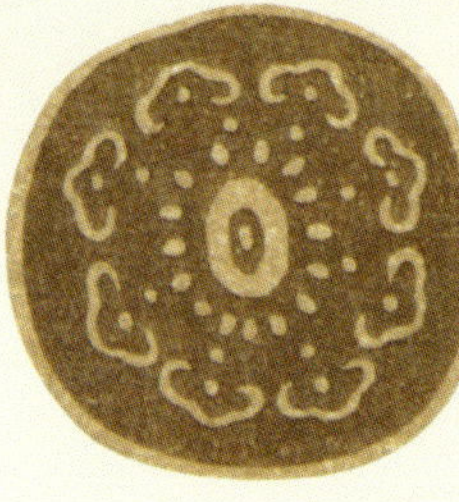
B-093

B-095

B-092

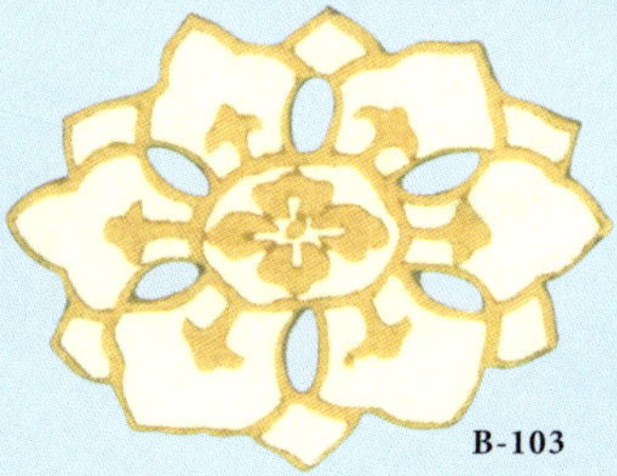
B-103

B-100

B-098

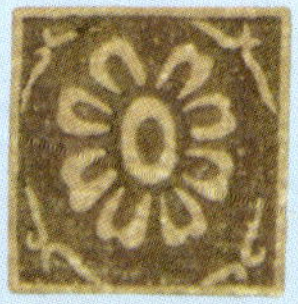
B-106

B-104

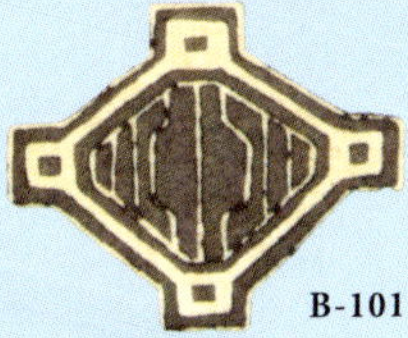
B-101

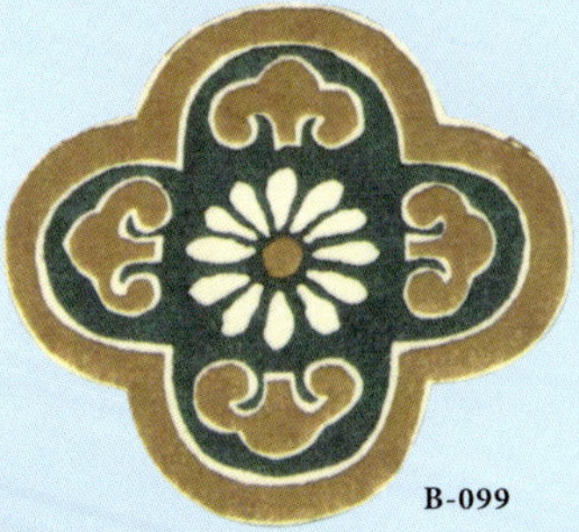
B-099

B-107

B-105

B-102

B-098 ~ 116 Jpg Png Eps

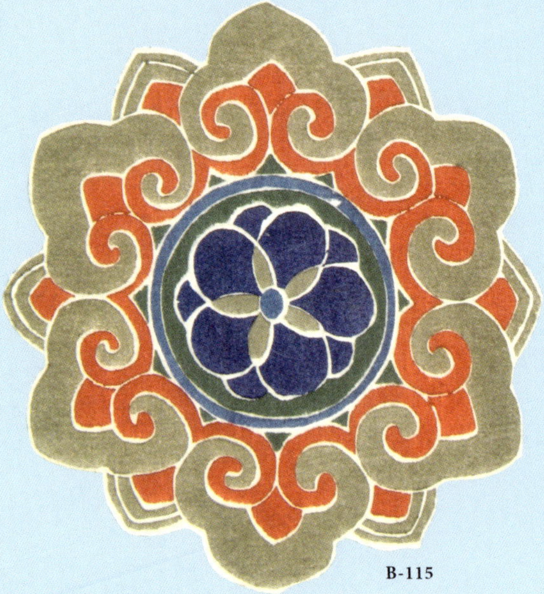
B-115

B-110

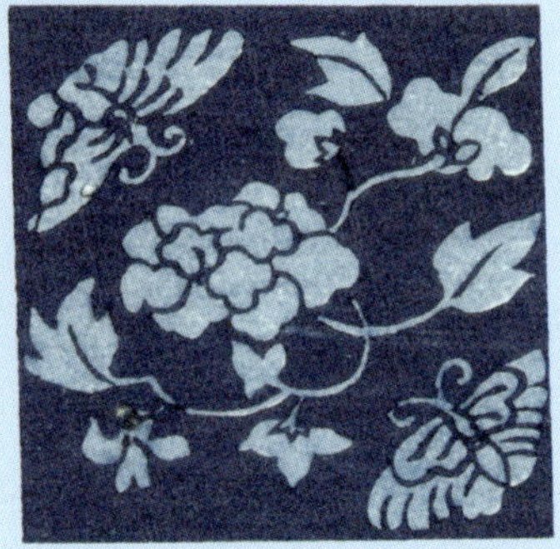
B-108

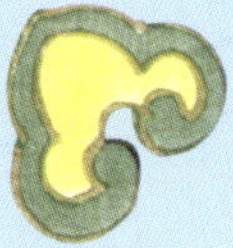
B-112

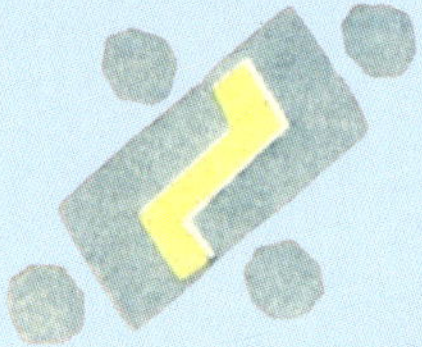
B-111

B-109

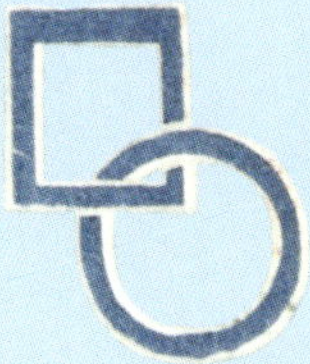
B-116

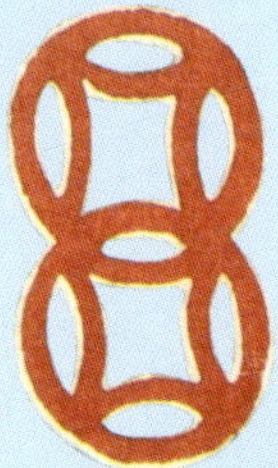
B-114

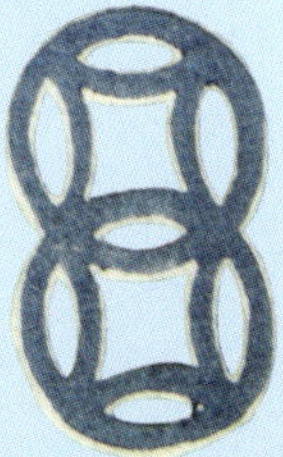
B-113

B-122

B-120

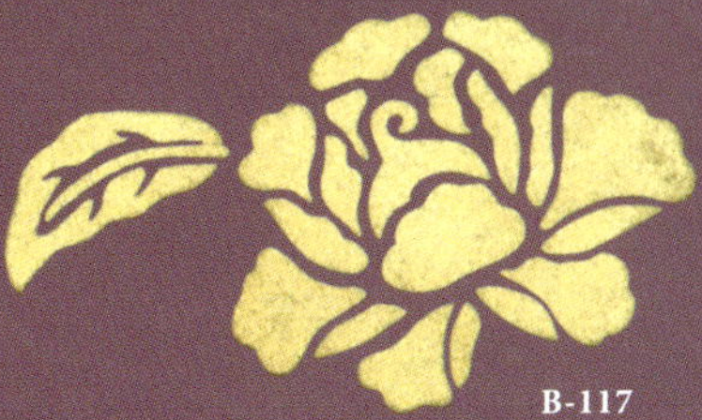

B-117

B-118

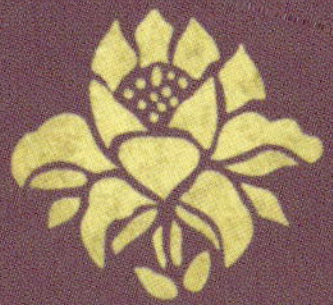

B-125

B-123

B-121

B-124

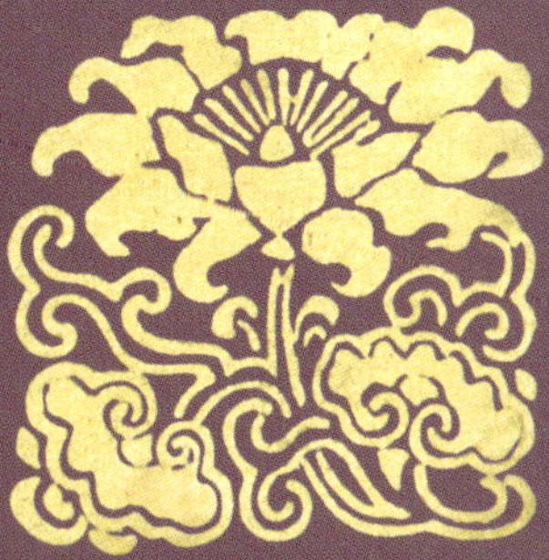

B-119

B-133

B-130

B-126

B-131

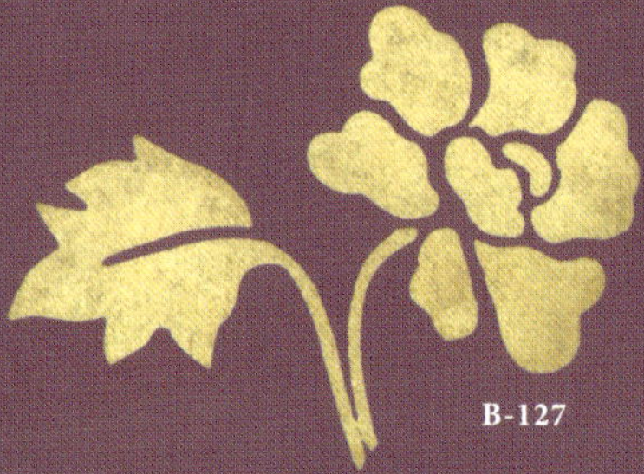

B-127

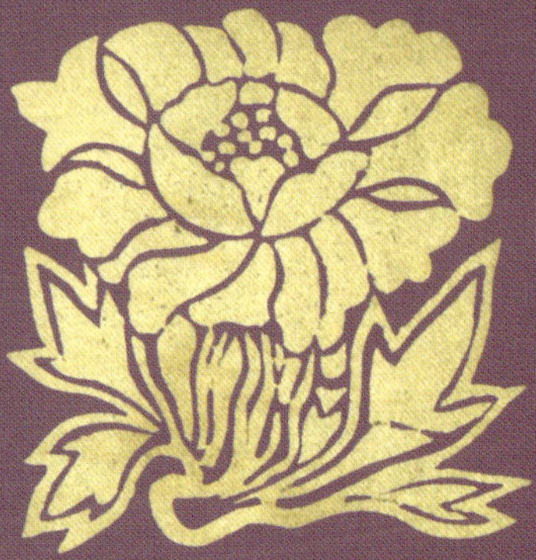

B-134

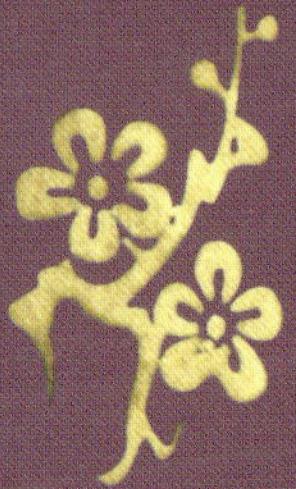

B-132

B-129

B-128

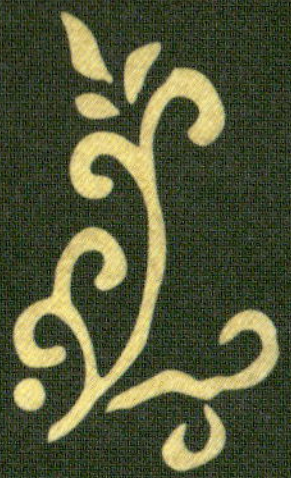
B-144

B-141

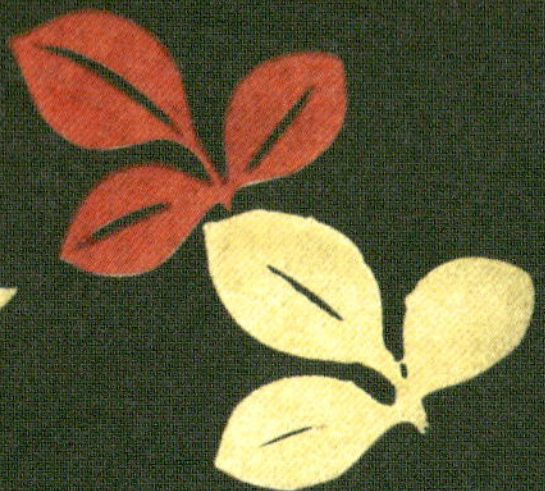
B-138

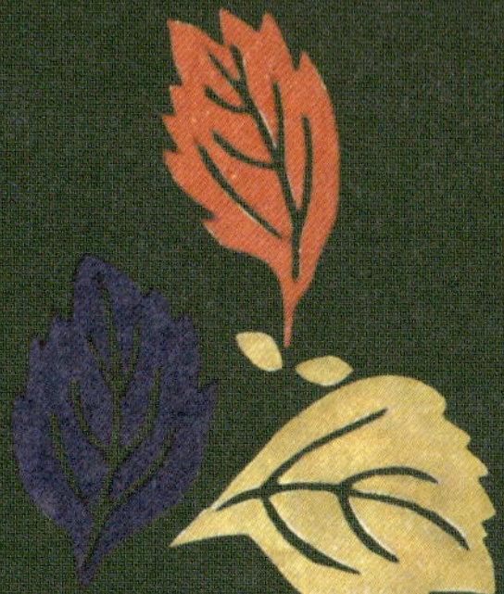
B-135

B-145

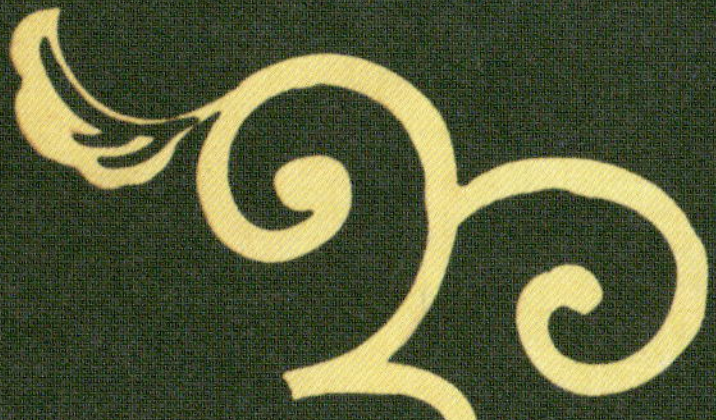
B-139

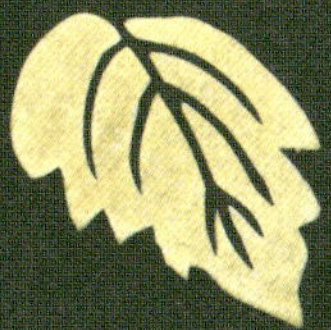
B-136

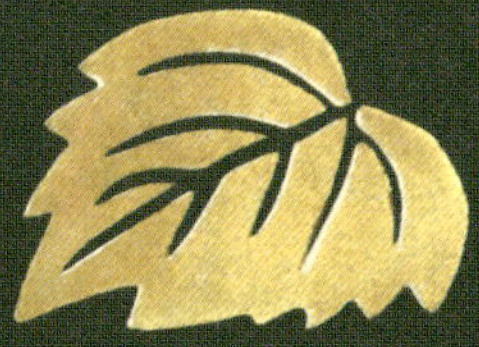
B-142

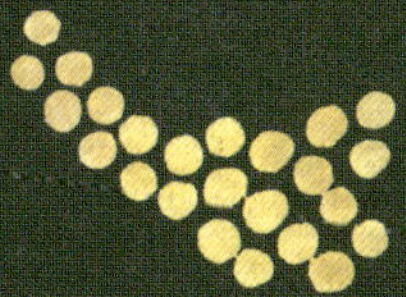
B-146

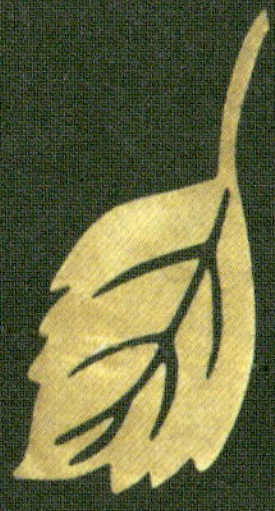
B-140

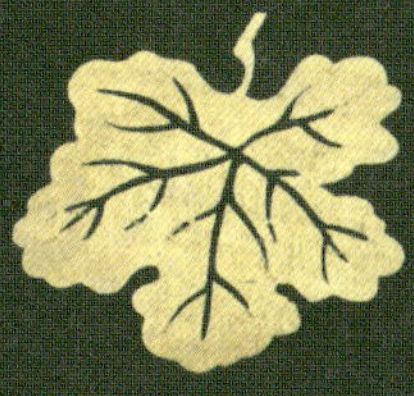
B-137

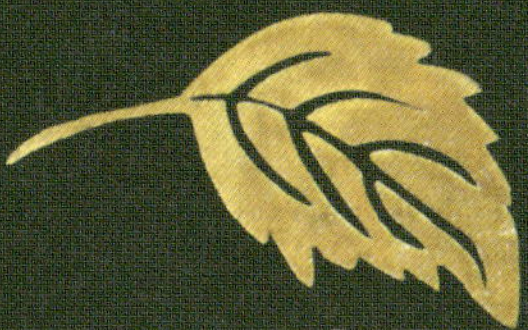
B-147

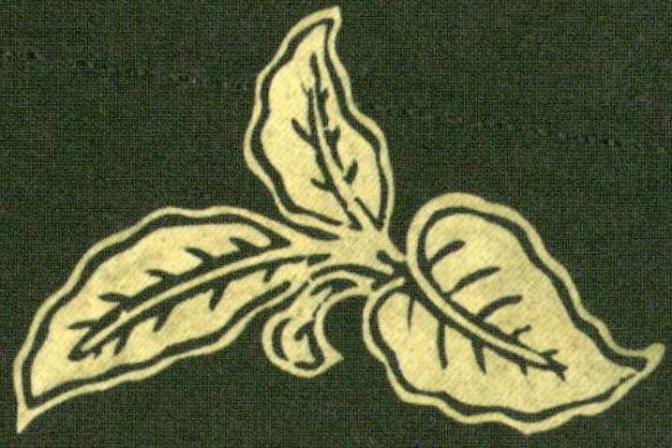
B-143

B-135 ～ 158 Jpg Png Eps

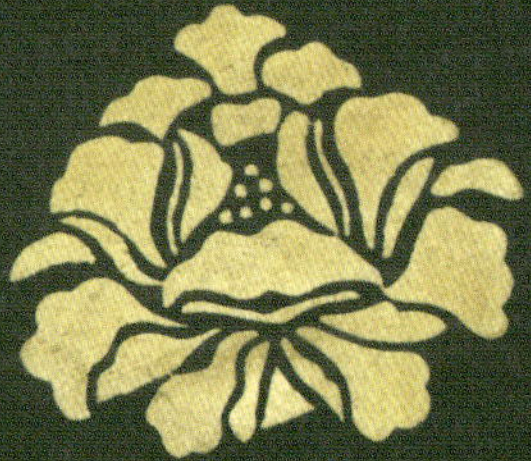

B-157

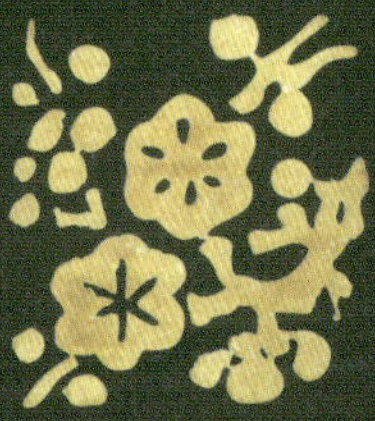

B-154

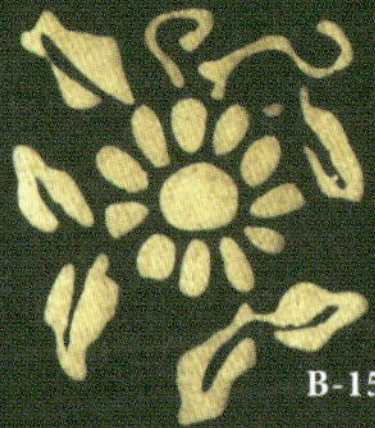

B-151

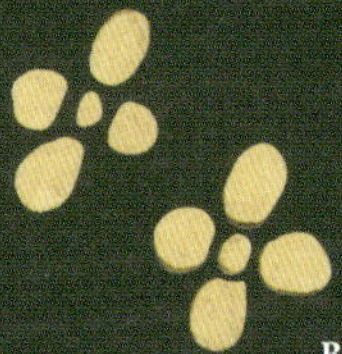

B-148

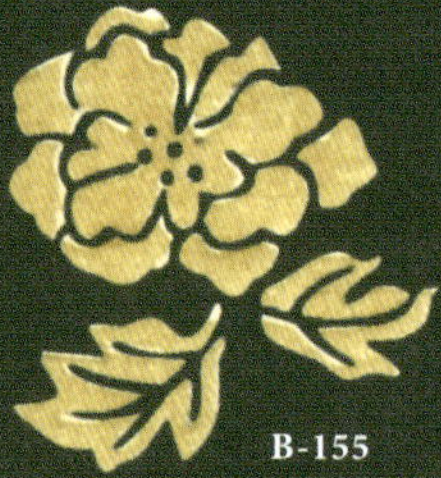

B-155

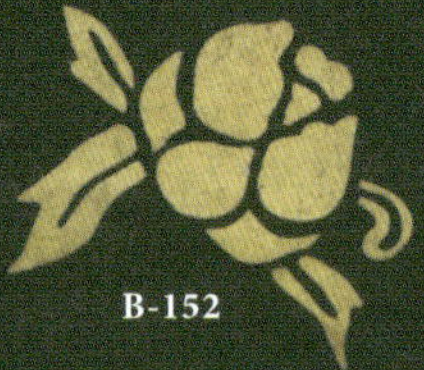

B-152

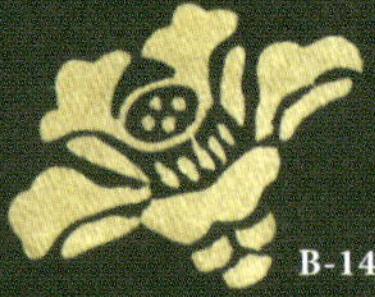

B-149

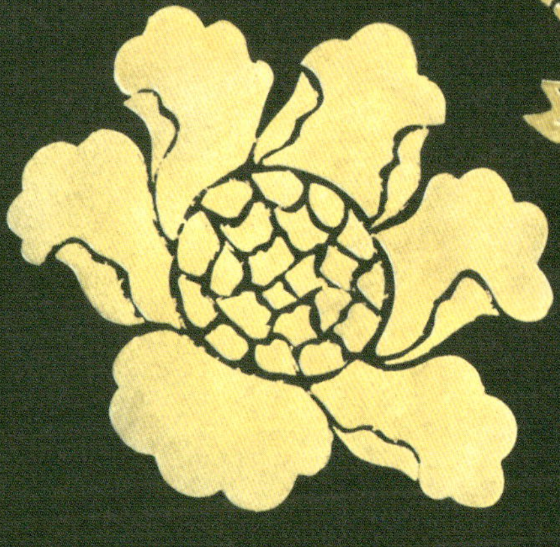

B-158

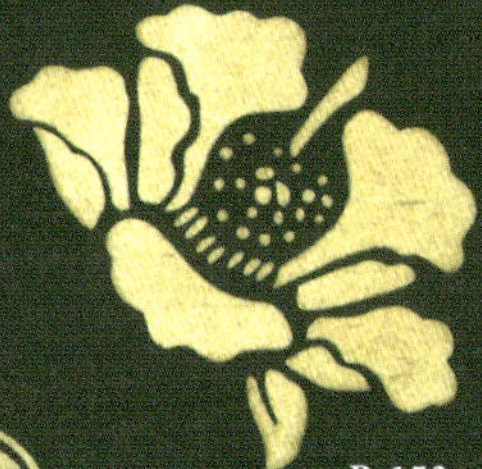

B-153

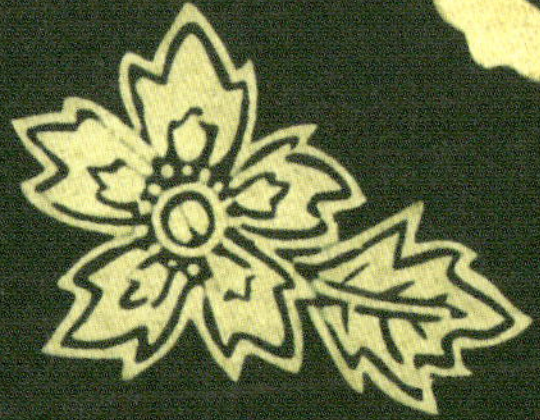

B-156

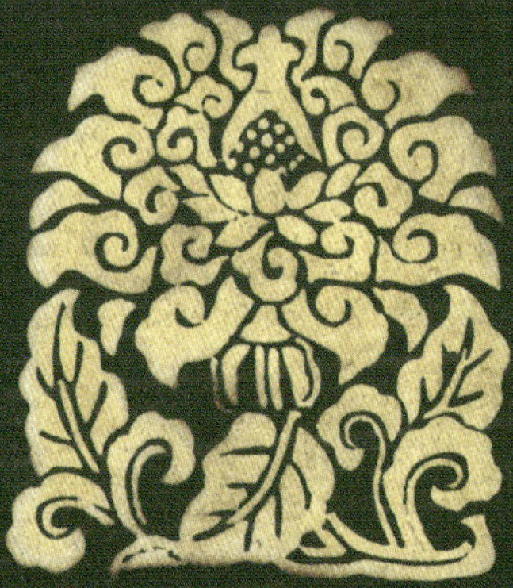

B-150

B-166

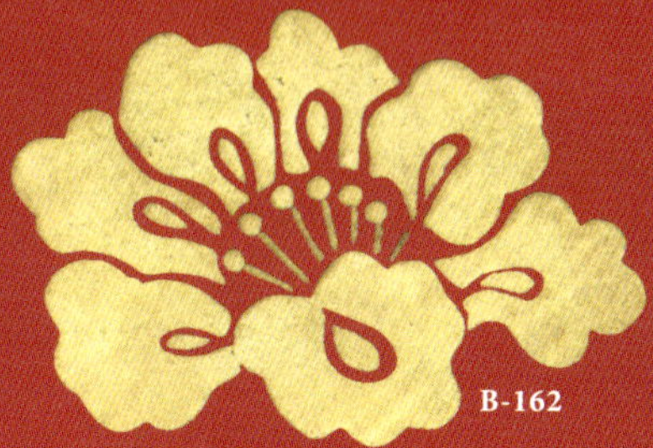

B-162

B-159

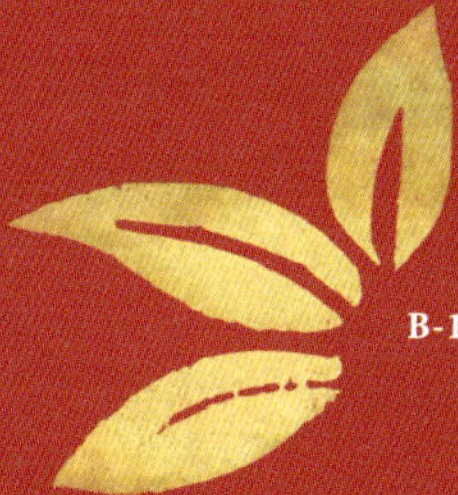

B-167

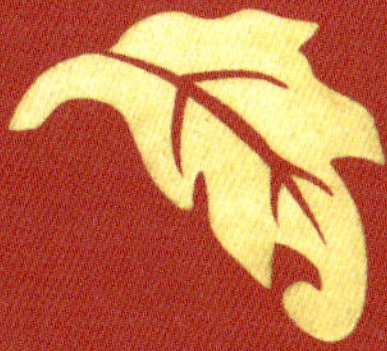

B-163

B-160

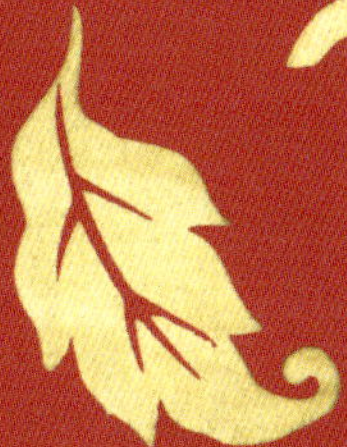

B-165

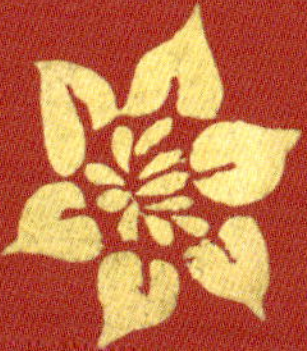

B-168

B-169

B-164

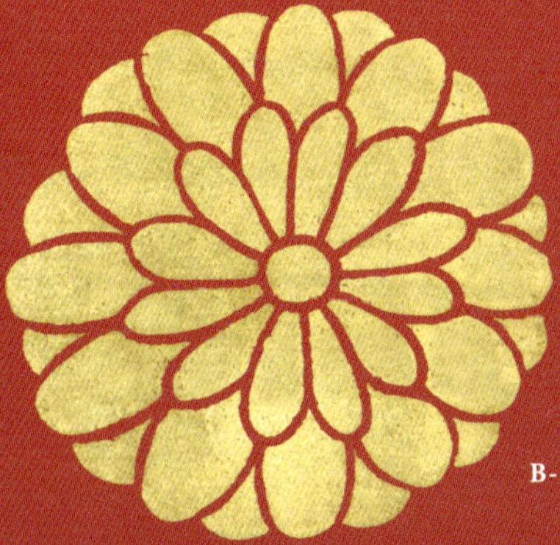

B-161

B-159 ～ 178 Jpg Png Eps

B-177

B-173

B-170

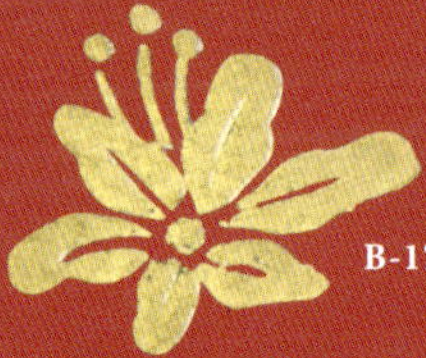
B-174

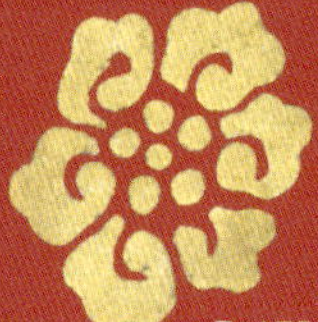
B-175

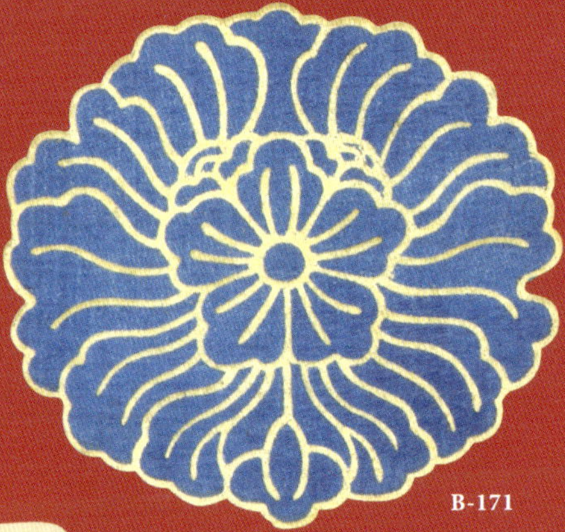
B-171

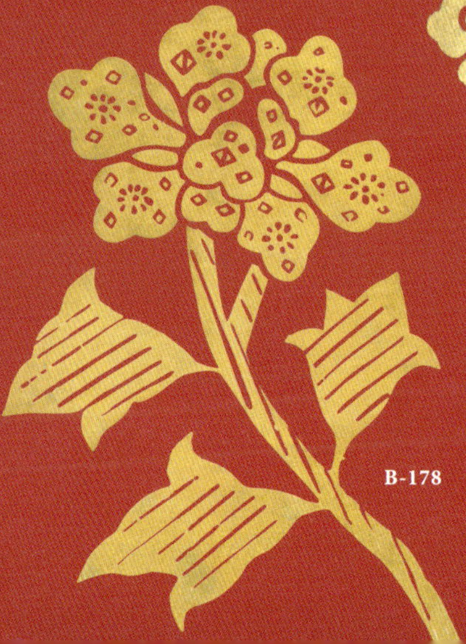
B-178

B-176

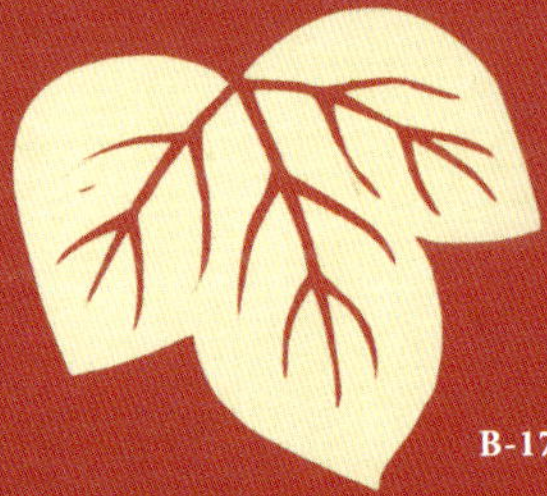
B-172

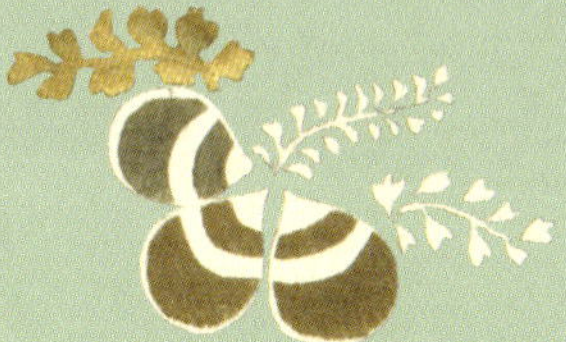
B-184

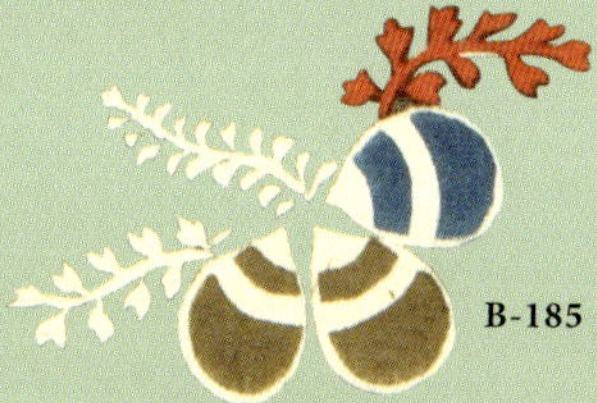
B-185

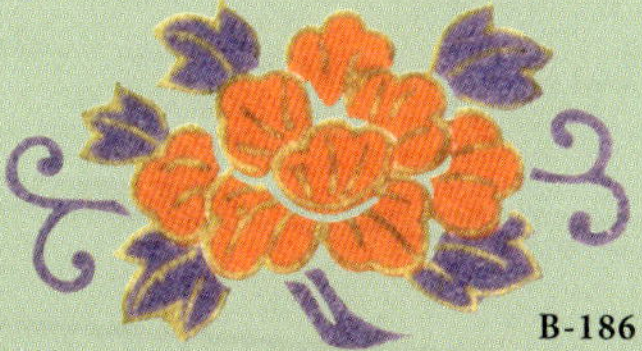
B-186

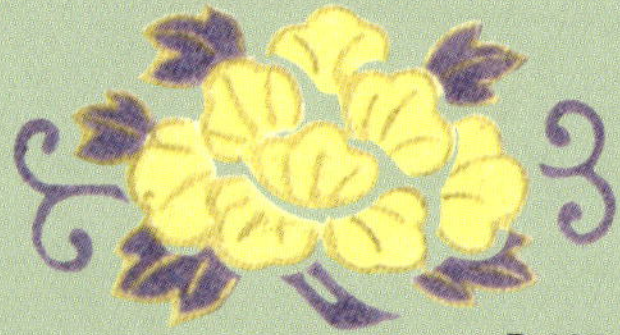
B-187

B-179

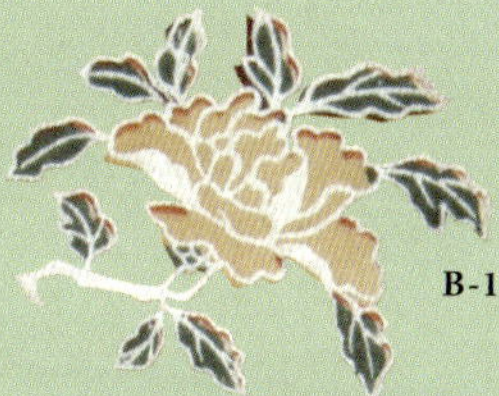
B-182

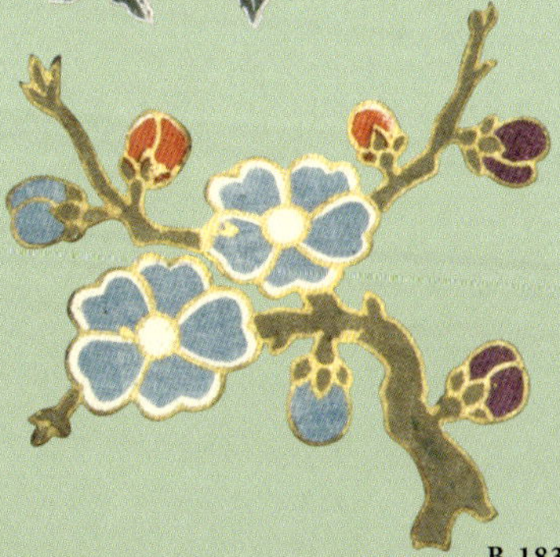
B-183

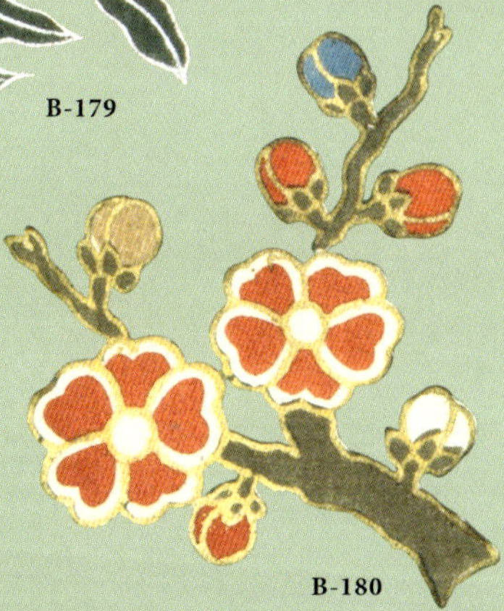
B-180

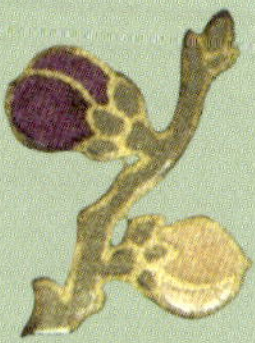
B-181

B-179 ~ 193 Jpg Png Eps

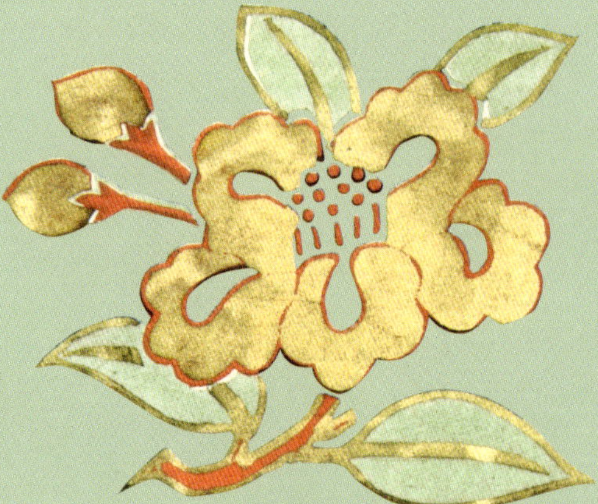

B-192

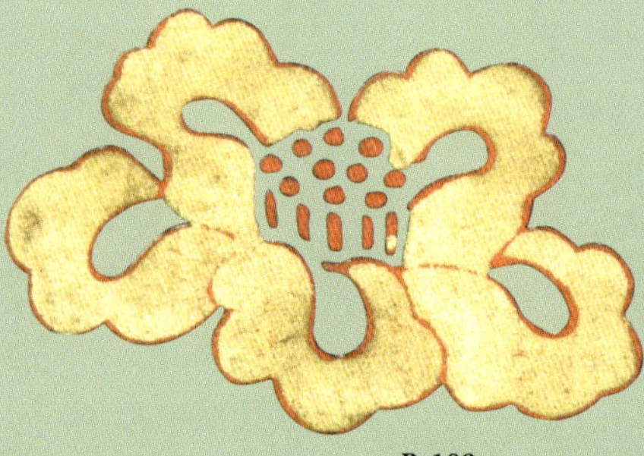

B-189

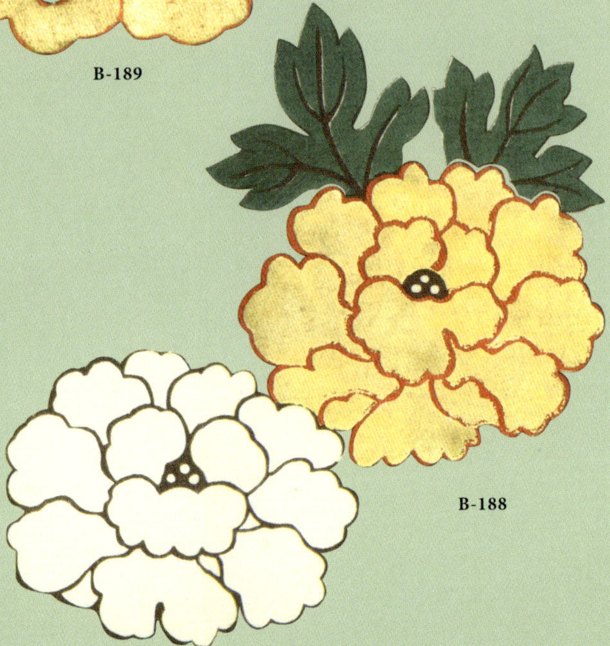

B-188

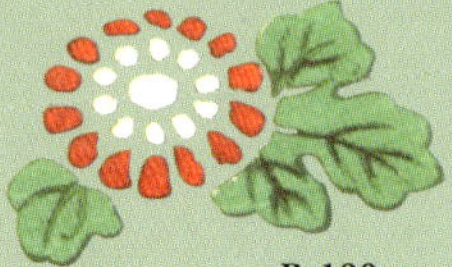

B-190

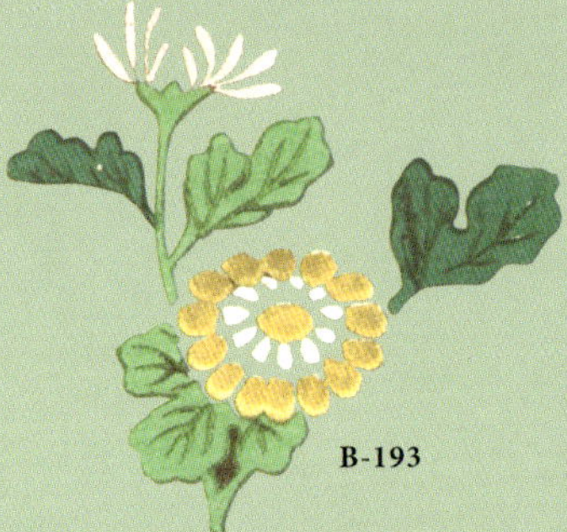

B-193

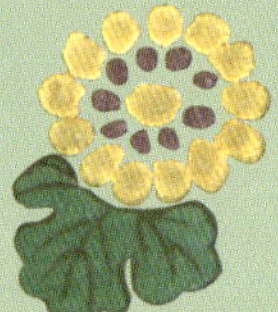

B-191

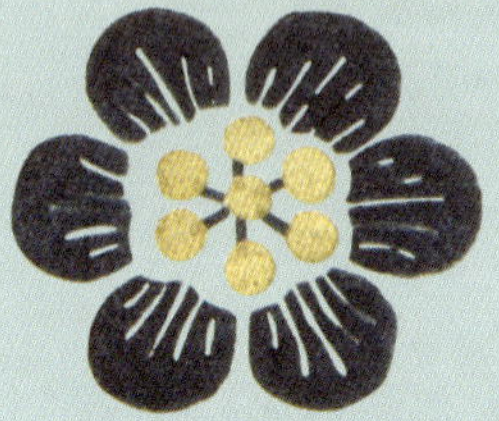
B-200

B-199

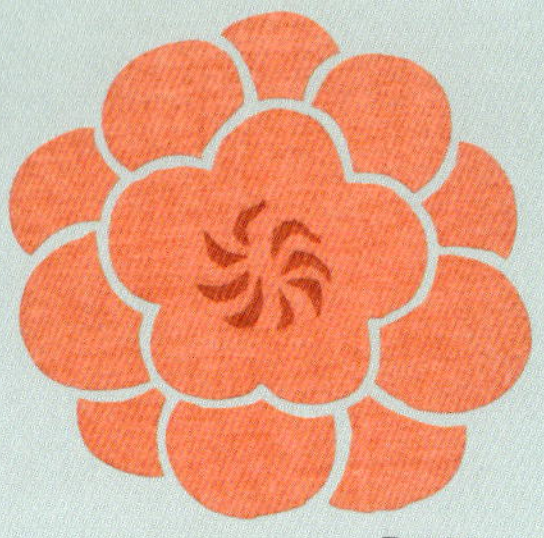
B-196

B-194

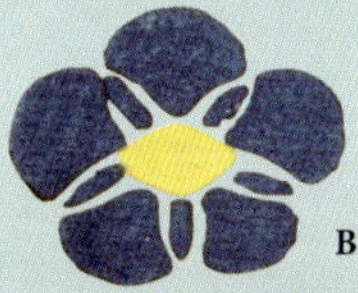
B-201

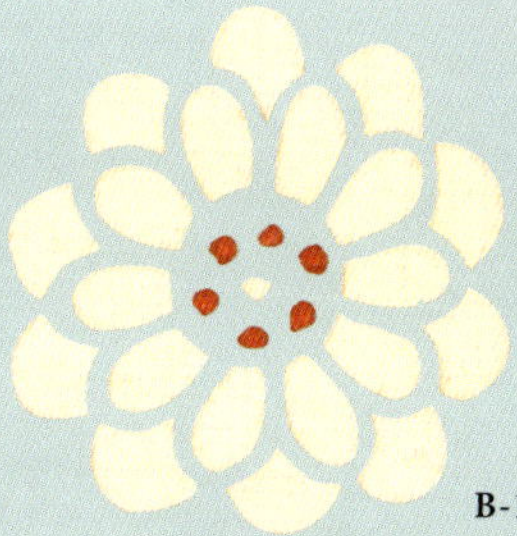
B-197

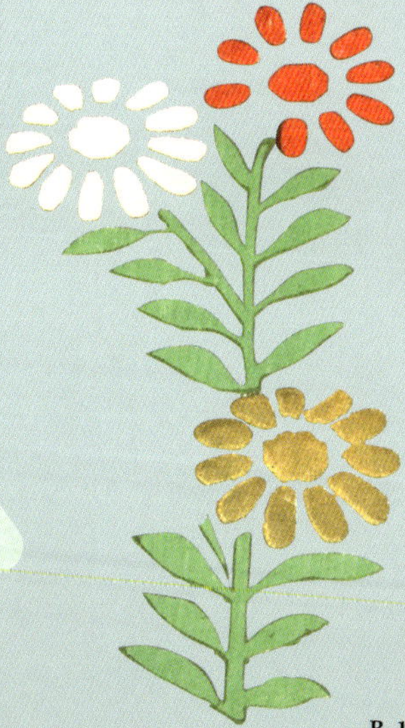
B-195

B-202

B-198

B-194 ～ 209 Jpg Png Eps

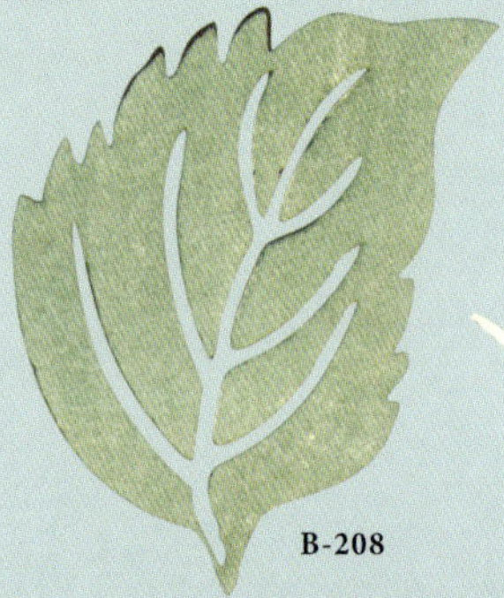

B-208

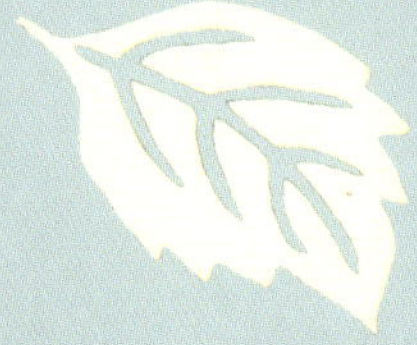

B-206

B-205

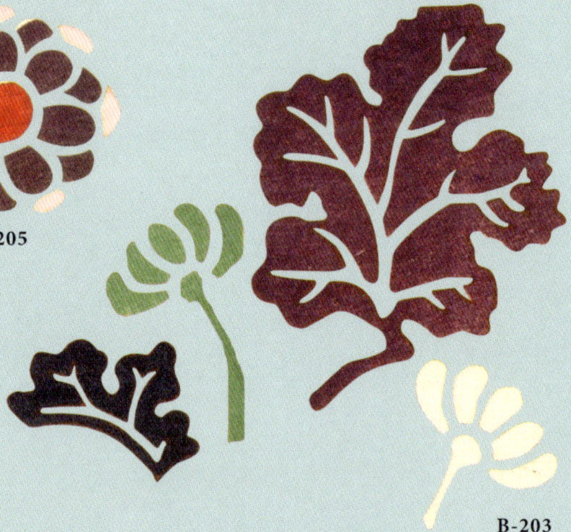

B-203

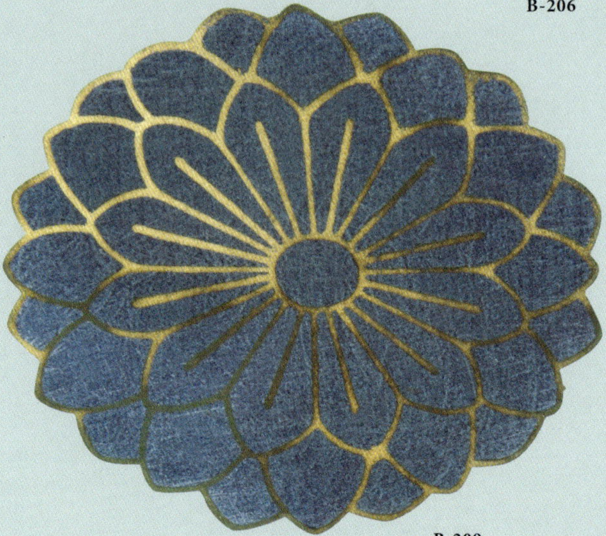

B-209

B-207

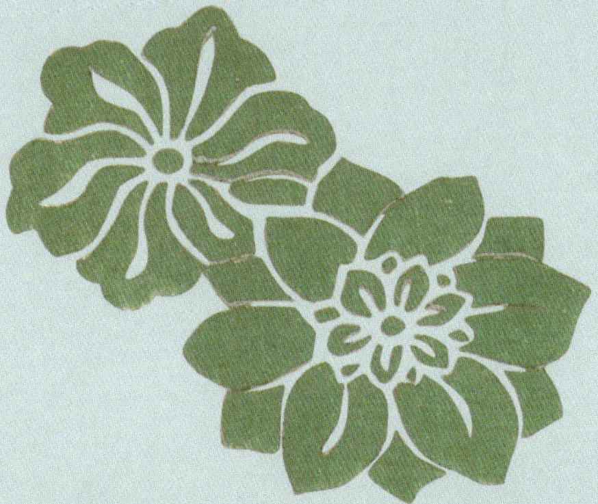

B-204

B-215

B-212

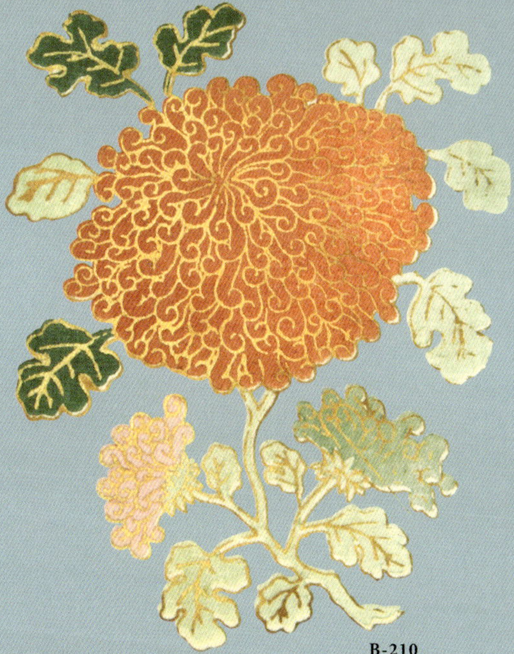
B-210

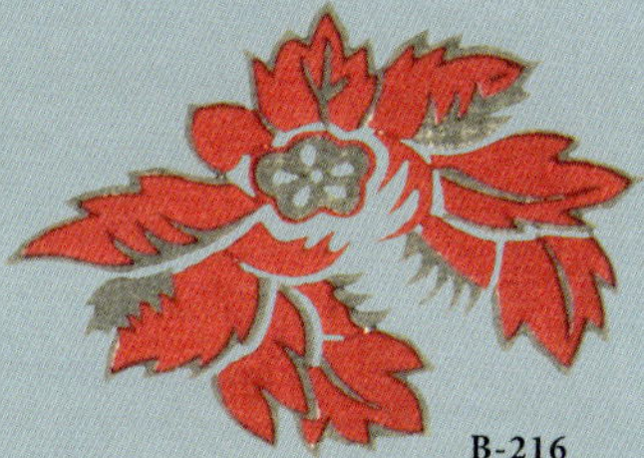
B-216

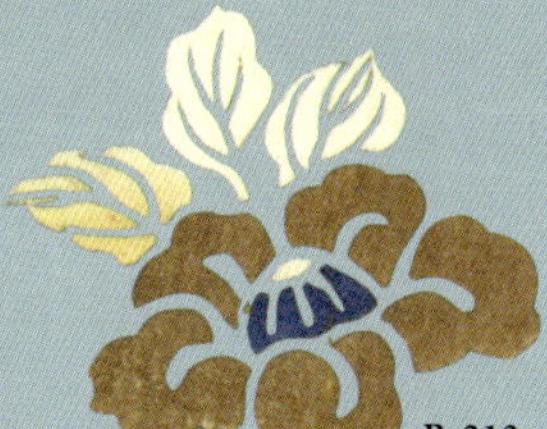
B-213

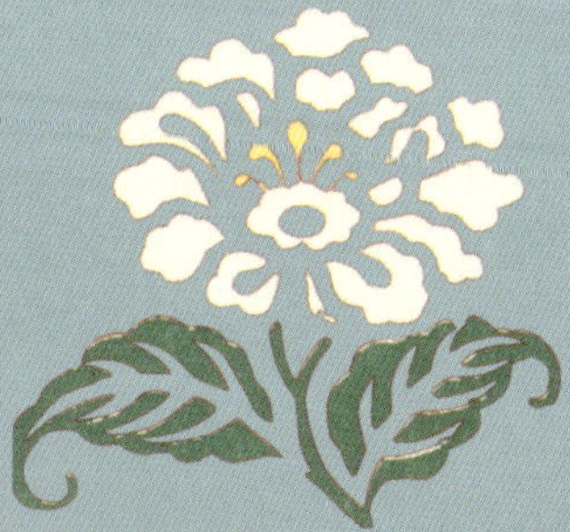
B-217

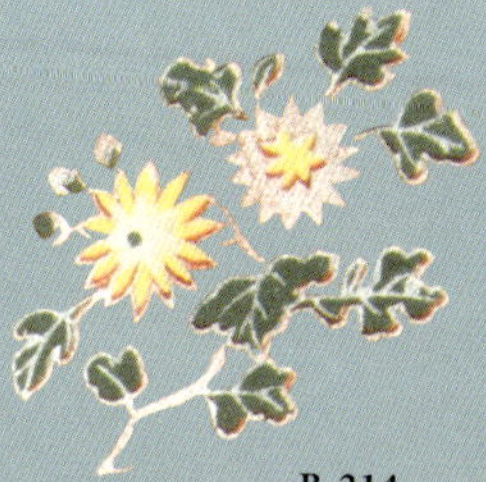
B-214

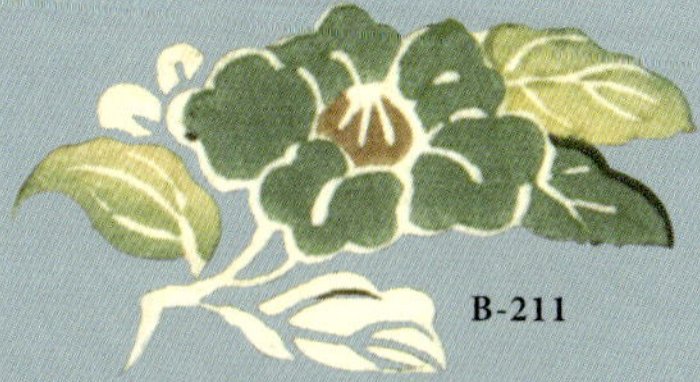
B-211

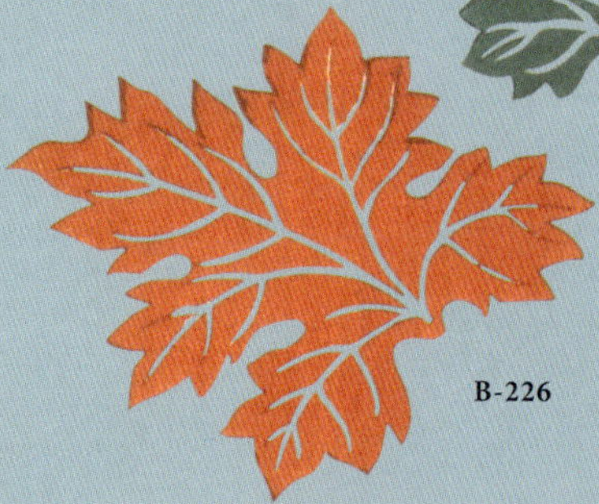

B-226

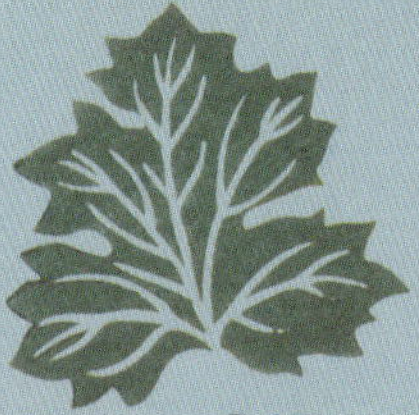

B-225

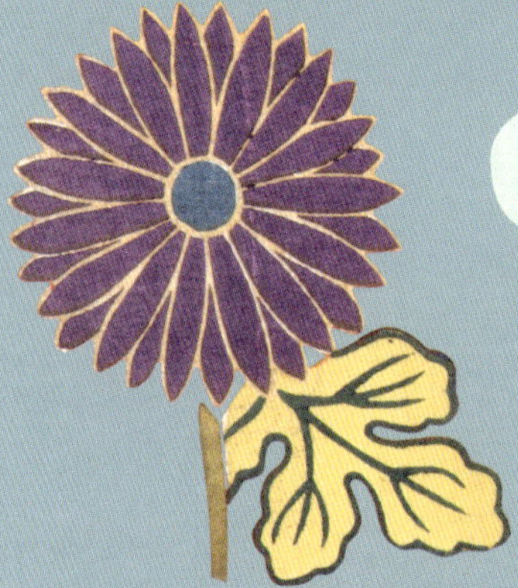

B-222

B-220

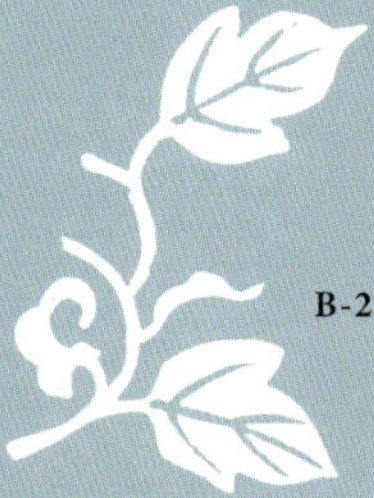

B-218

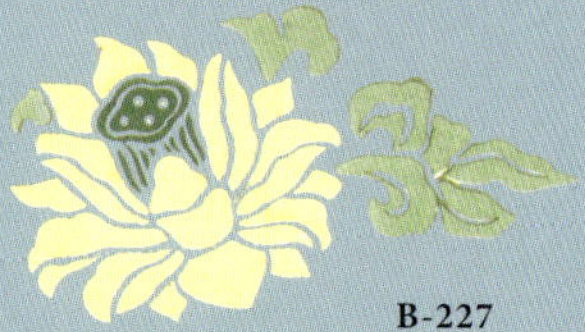

B-227

B-223

B-221

B-219

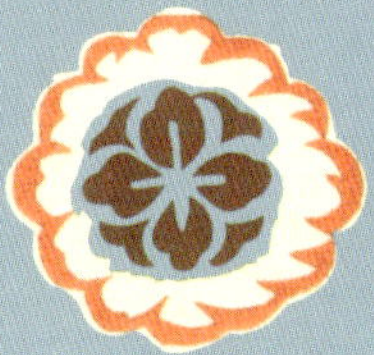

B-228

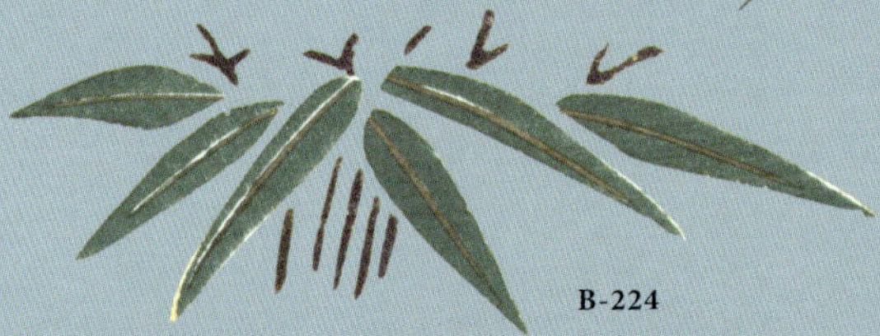

B-224

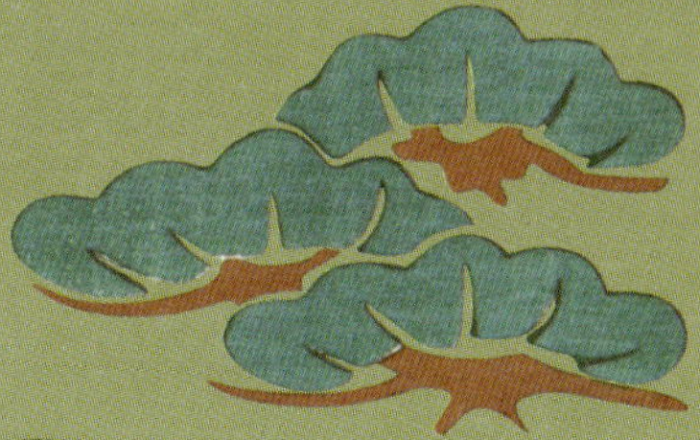

B-233

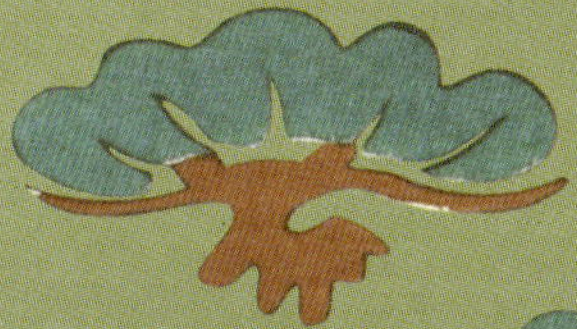

B-234

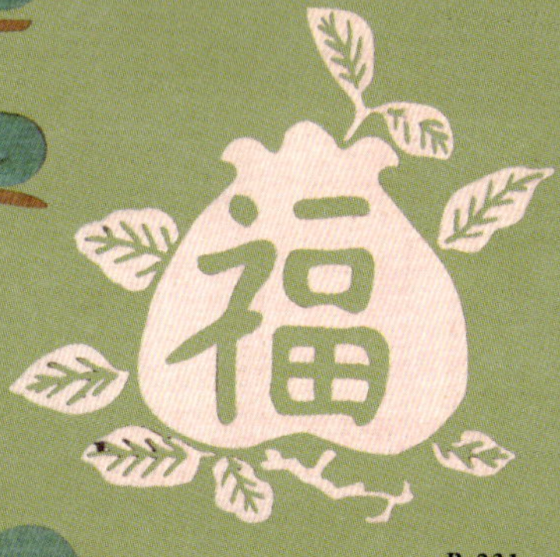

B-231

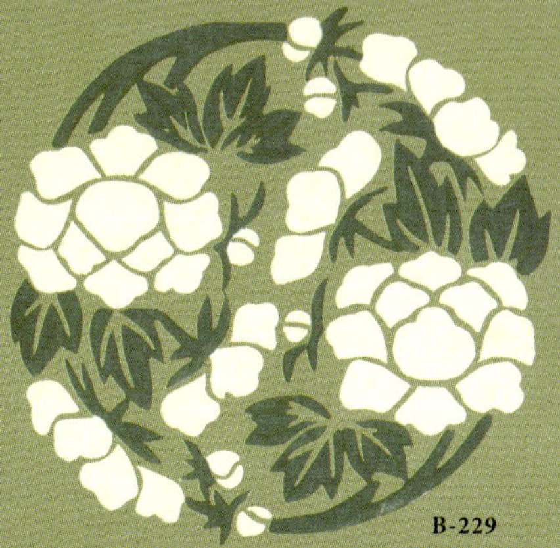

B-229

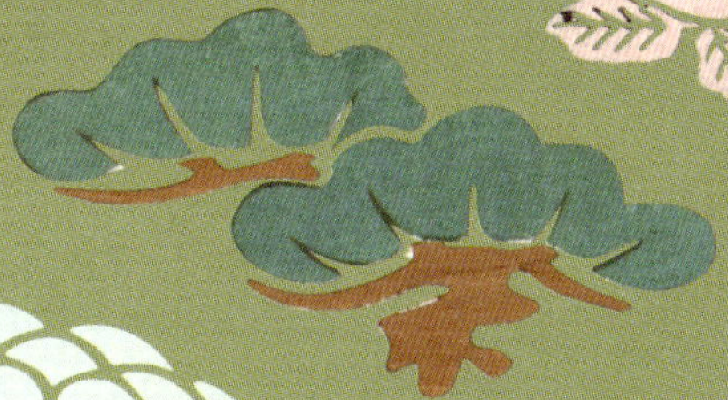

B-235

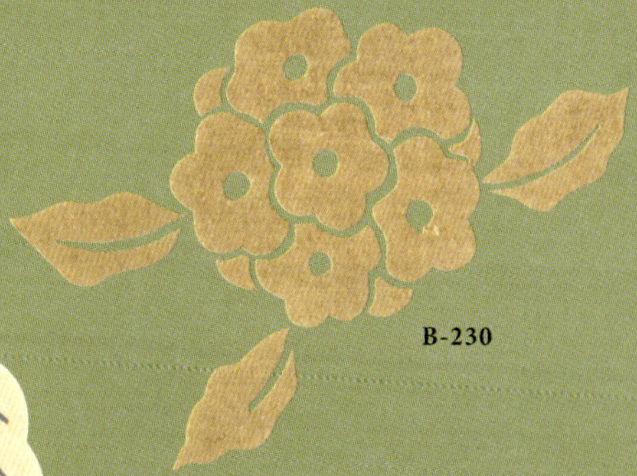

B-230

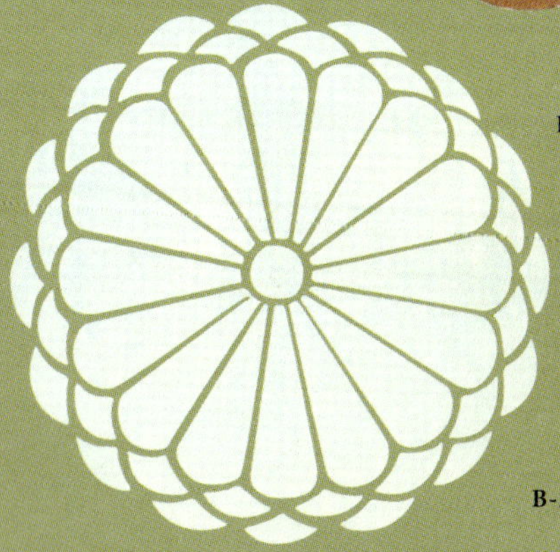

B-236

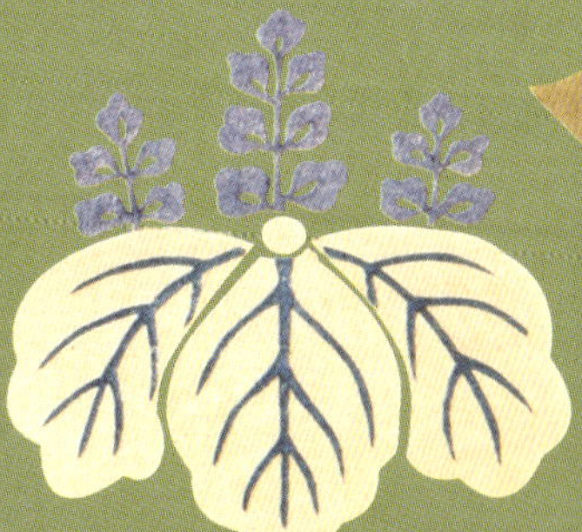

B-232

B-229 ～ 247 Jpg Png Eps

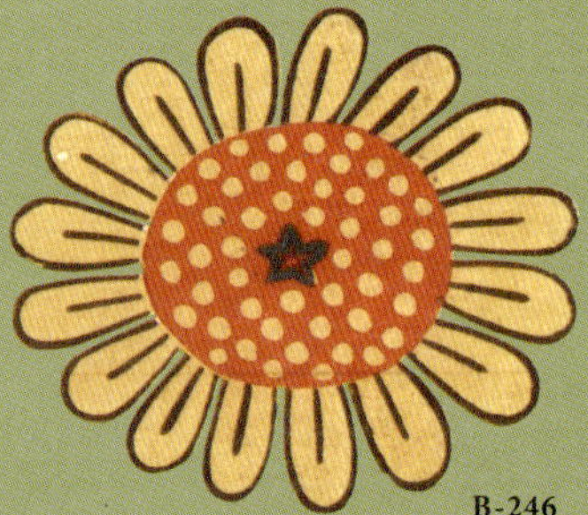
B-246

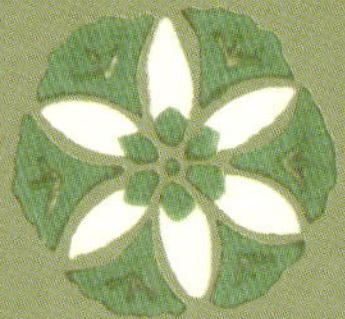
B-243

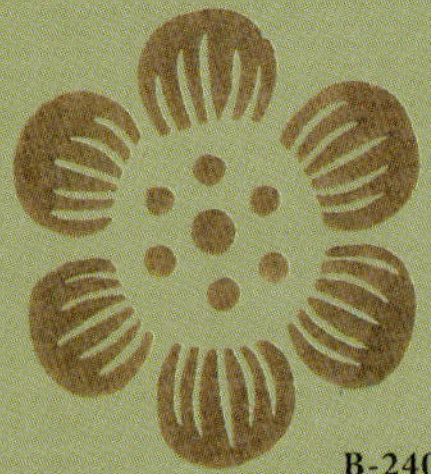
B-240

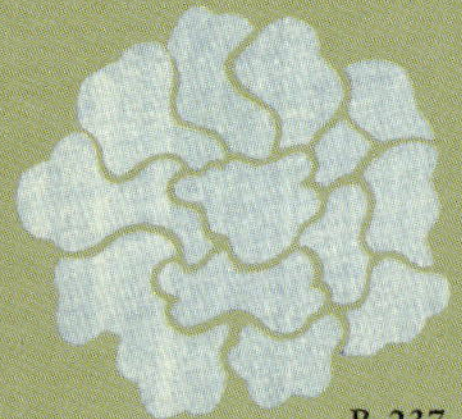
B-237

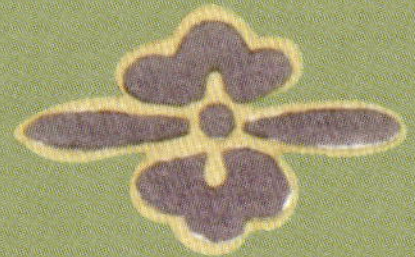
B-244

B-241

B-238

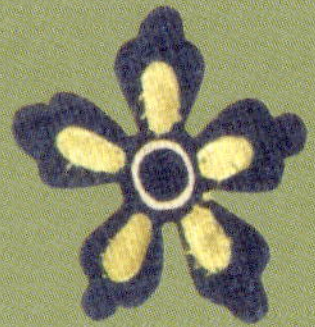
B-245

B-247

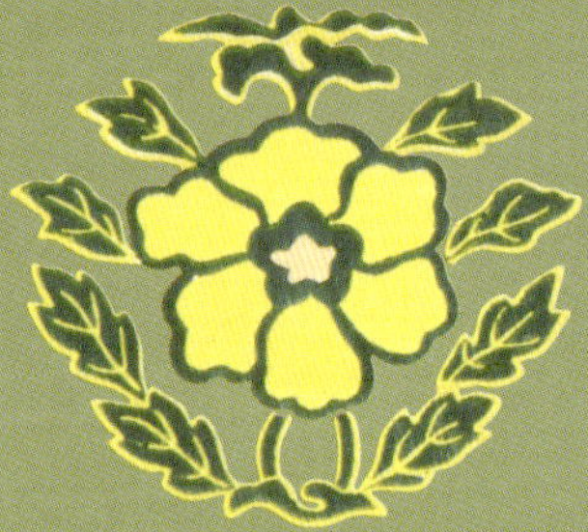
B-242

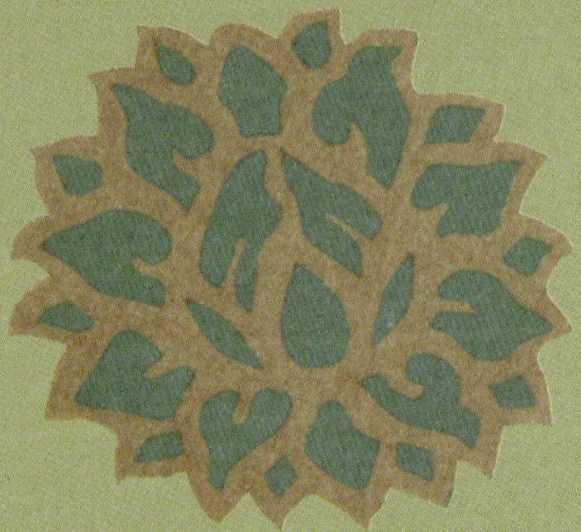
B-239

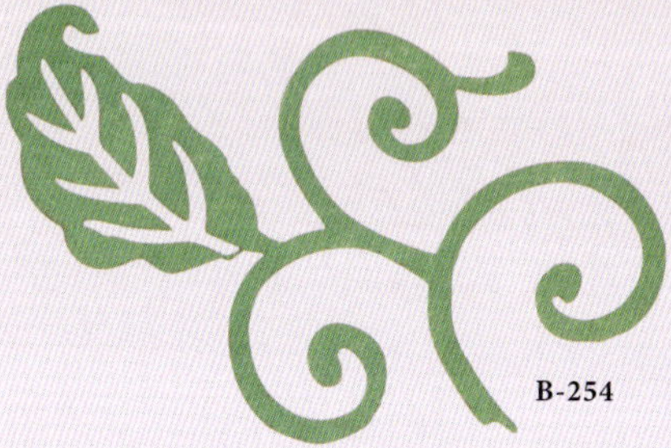
B-254

B-251

B-248

B-255

B-249

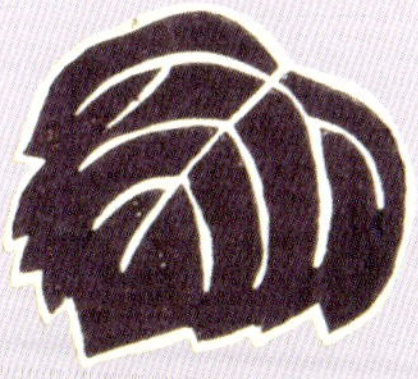
B-253

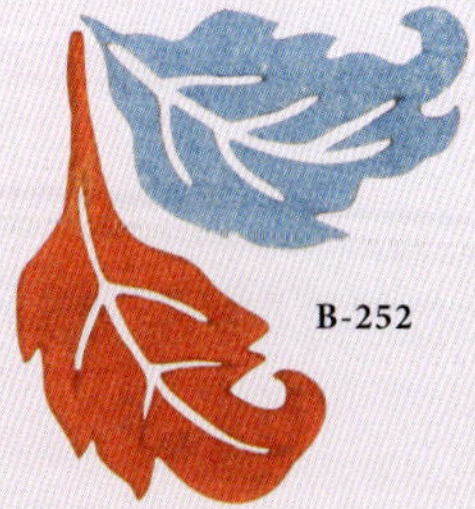
B-252

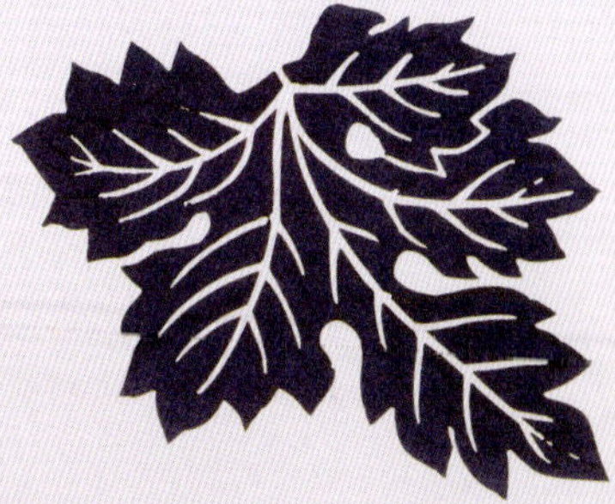
B-250

B-256

B-248 ～ 263 Jpg Png Eps

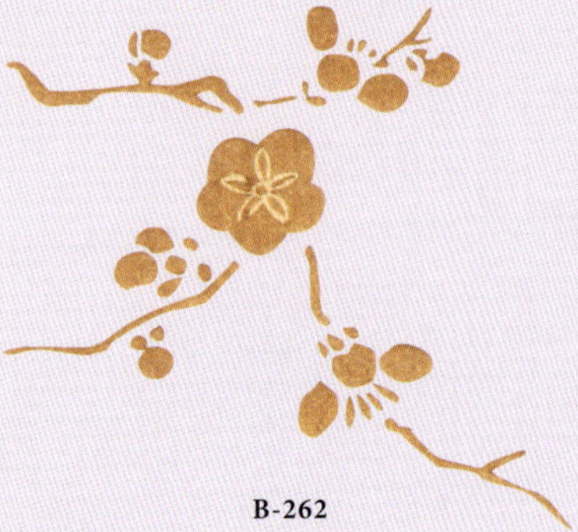

B-262

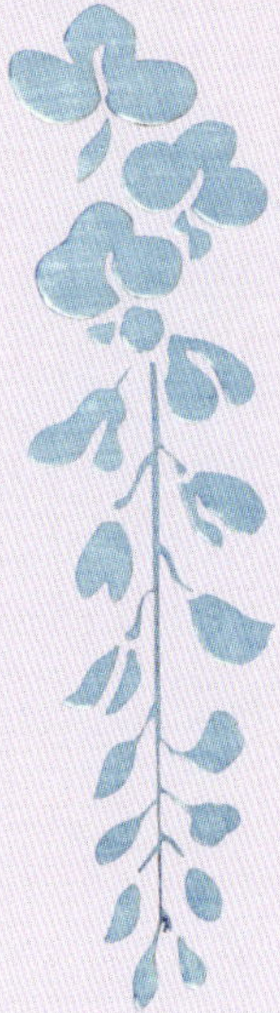

B-261

B-260

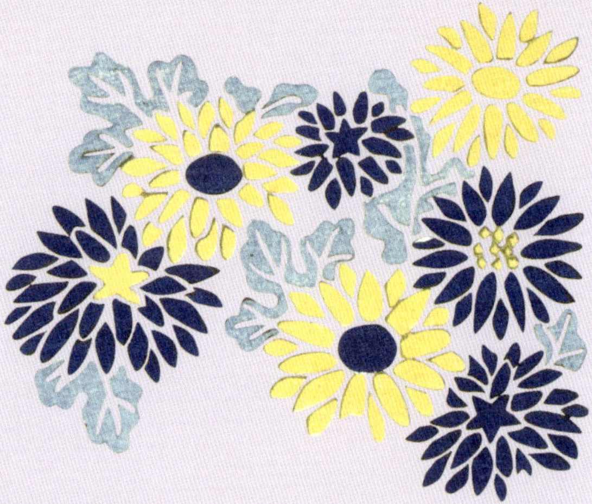

B-257

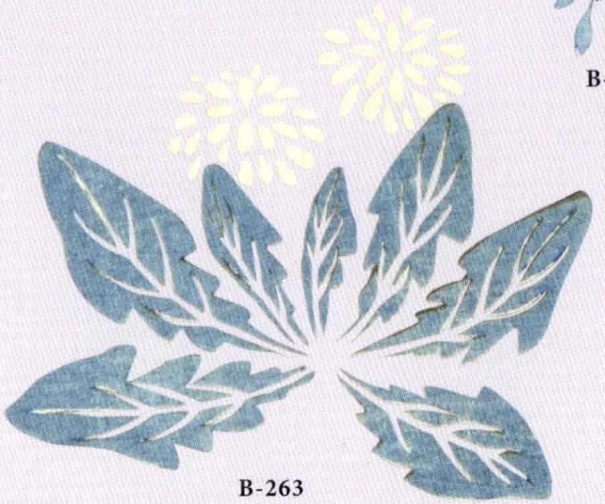

B-263

B-259

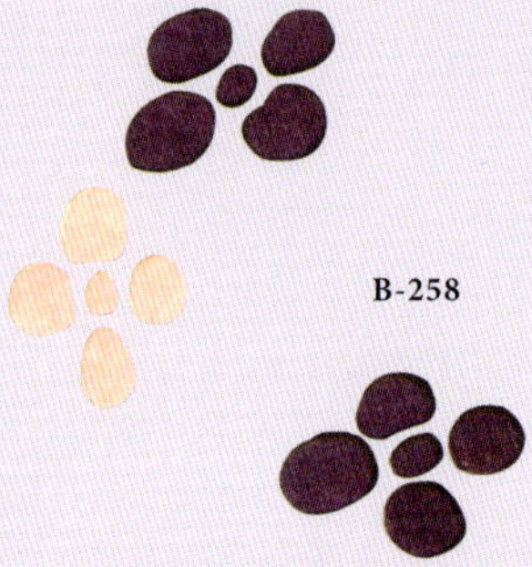

B-258

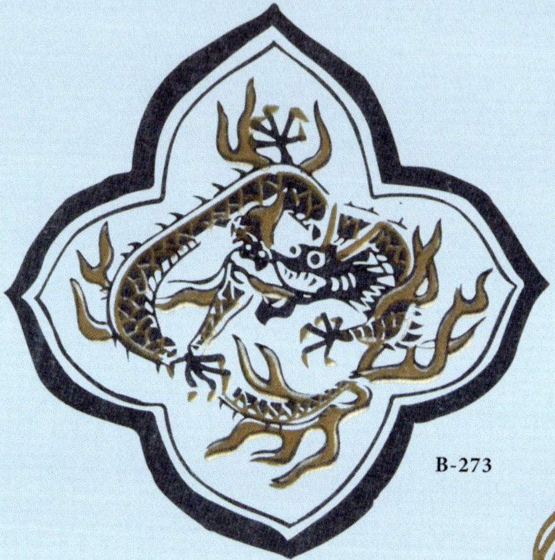
B-273

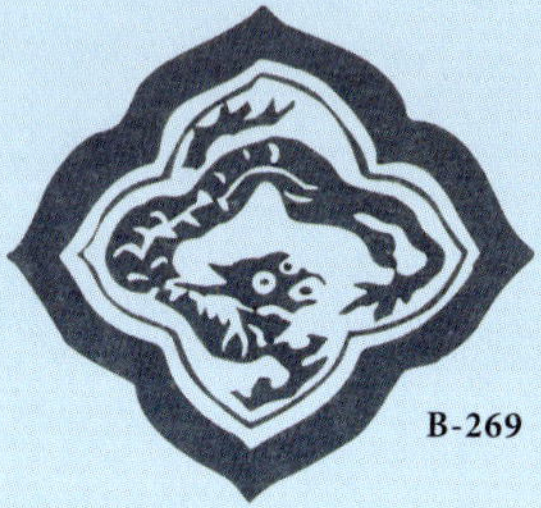
B-269

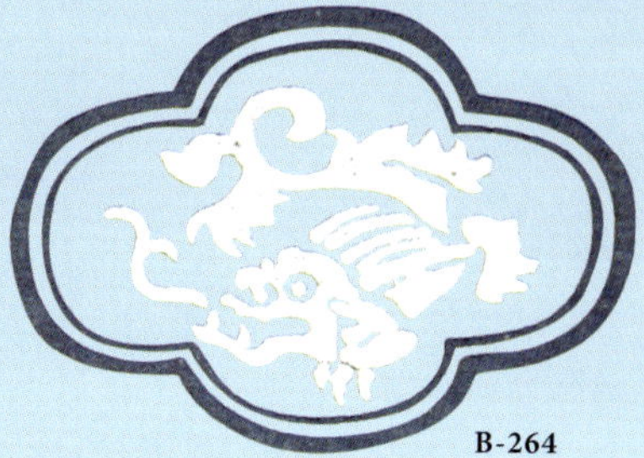
B-264

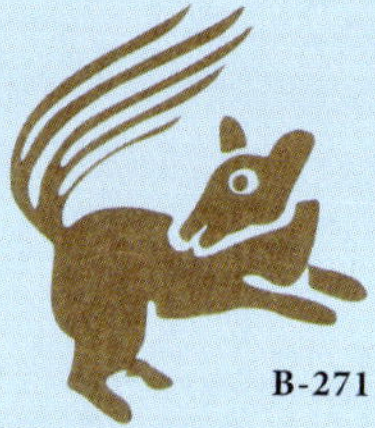
B-271

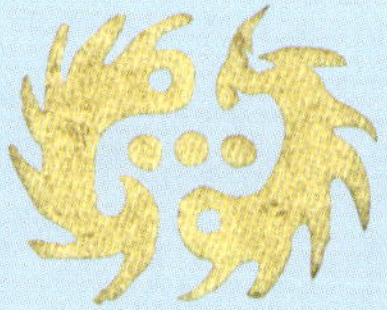
B-270

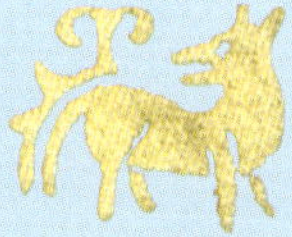
B-265

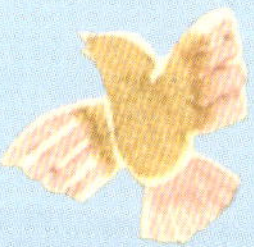
B-266

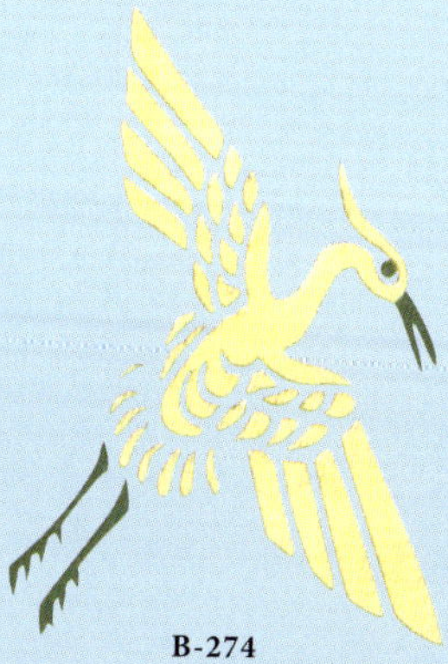
B-274

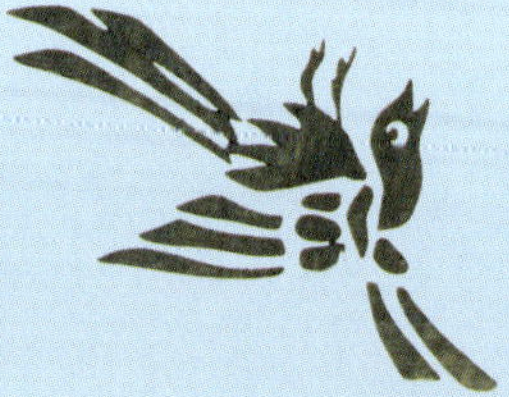
B-272

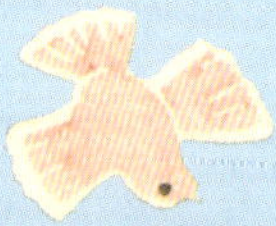
B-268

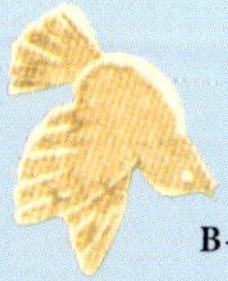
B-267

B-264 ～ 278 Jpg Png Eps

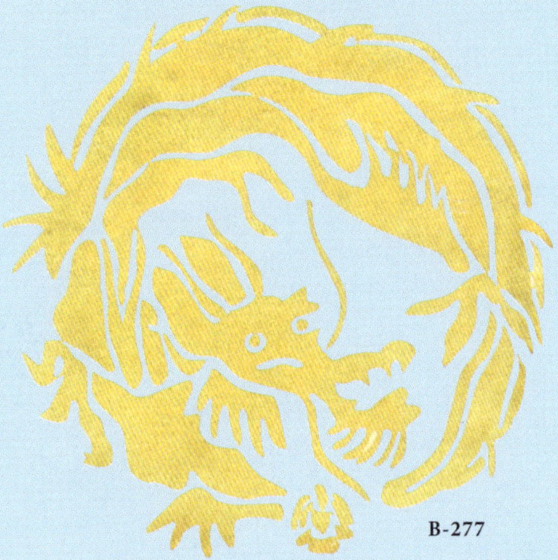
B-277

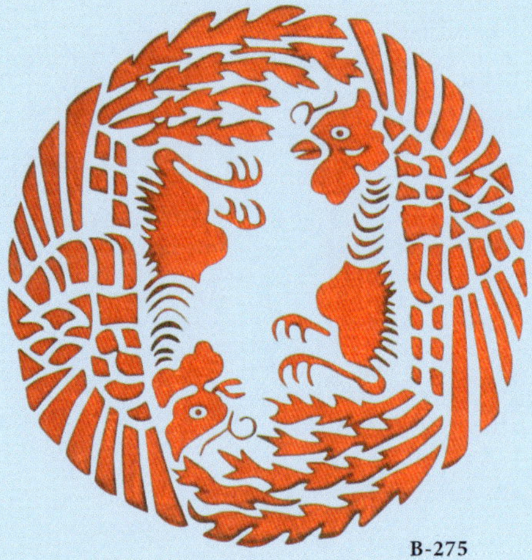
B-275

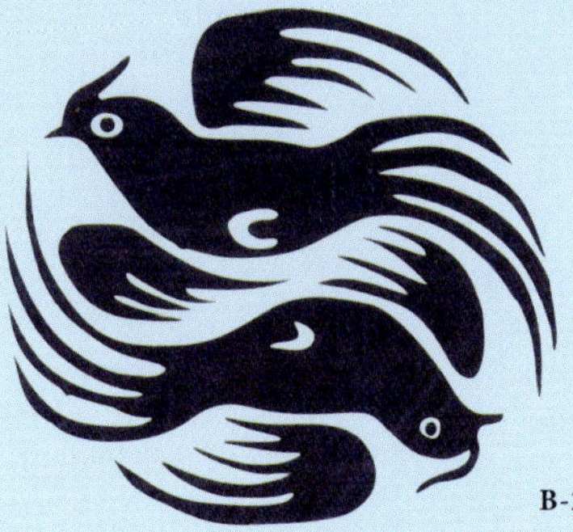
B-278

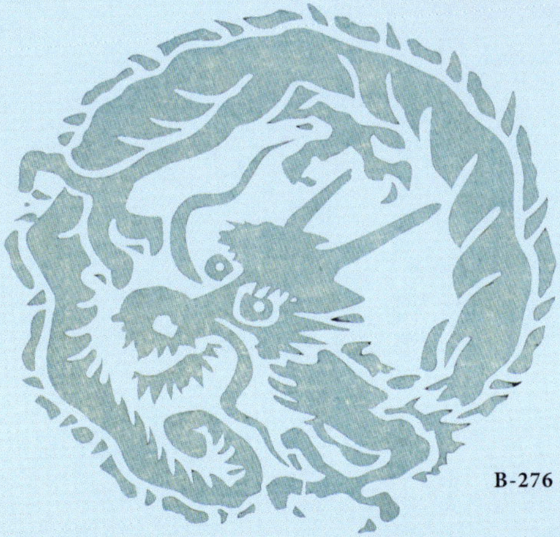
B-276

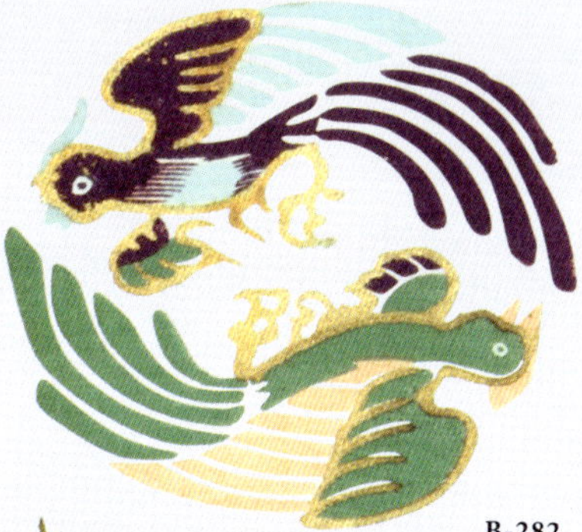
B-282

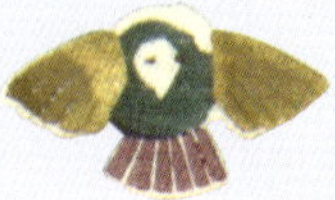
B-281

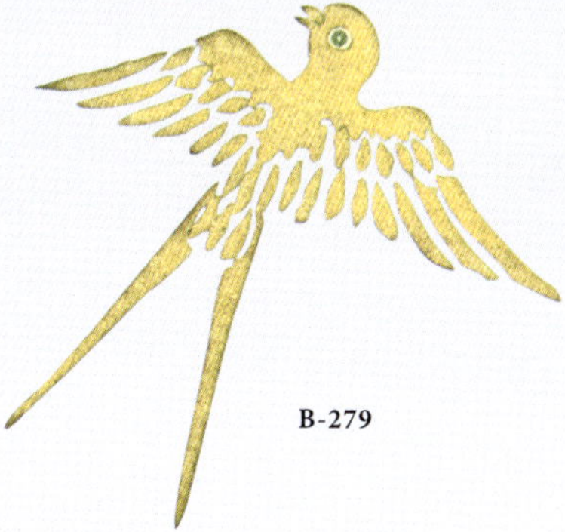
B-279

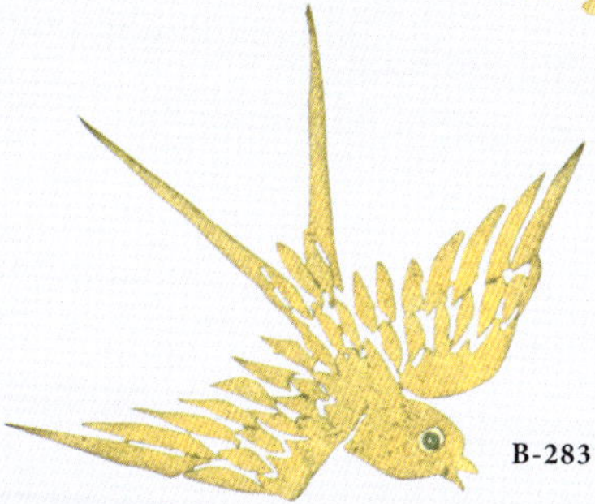
B-283

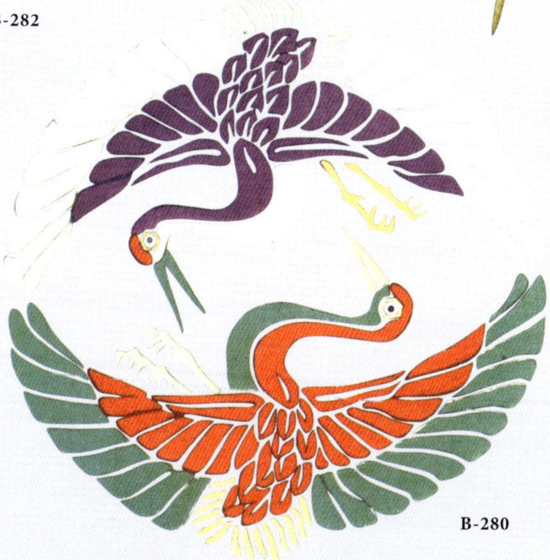
B-280

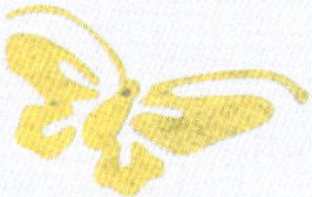
B-285

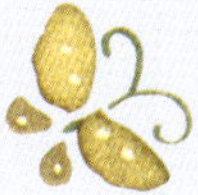
B-284

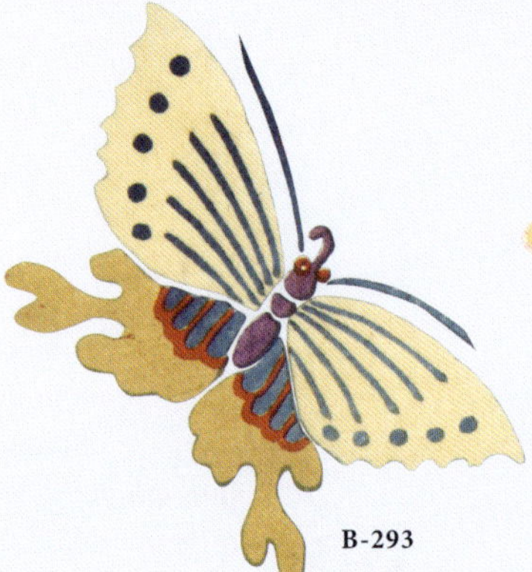
B-293

B-292

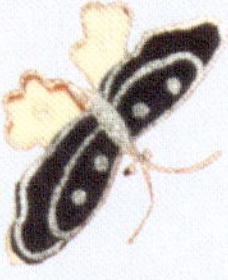
B-291

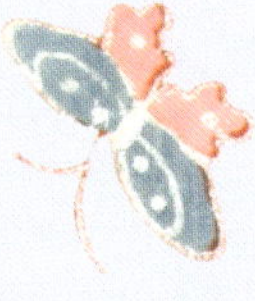
B-289

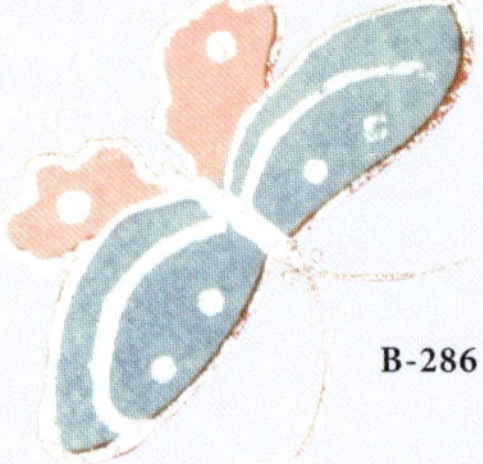
B-286

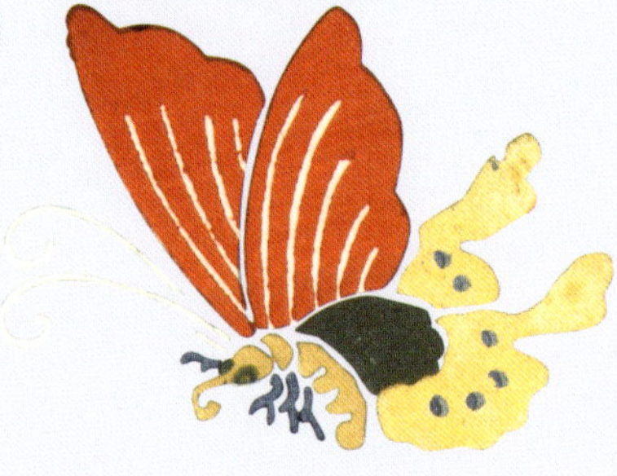
B-290

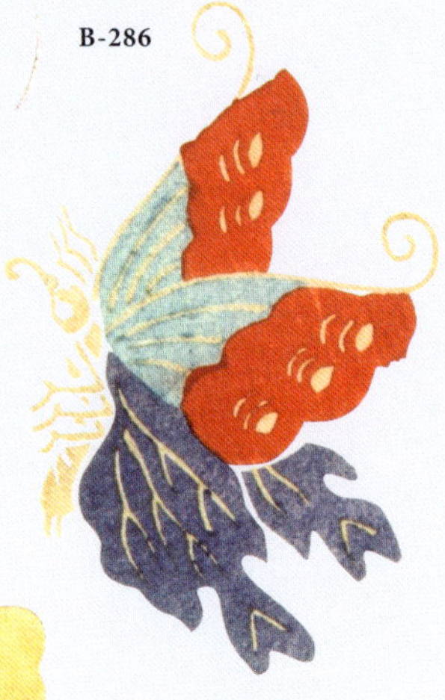
B-287

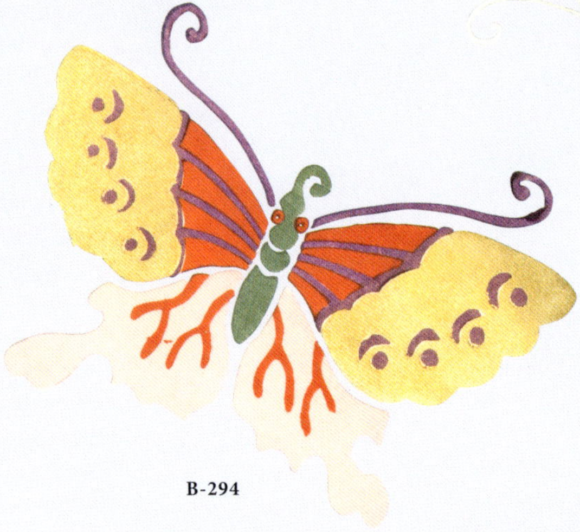
B-294

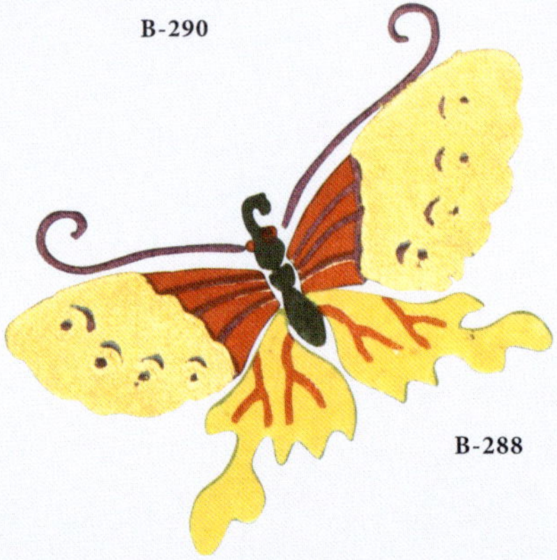
B-288

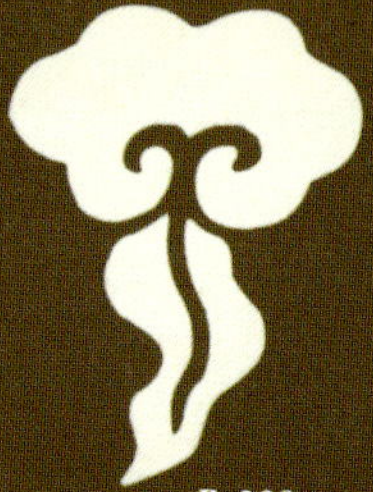
B-308

B-305

B-301

B-297

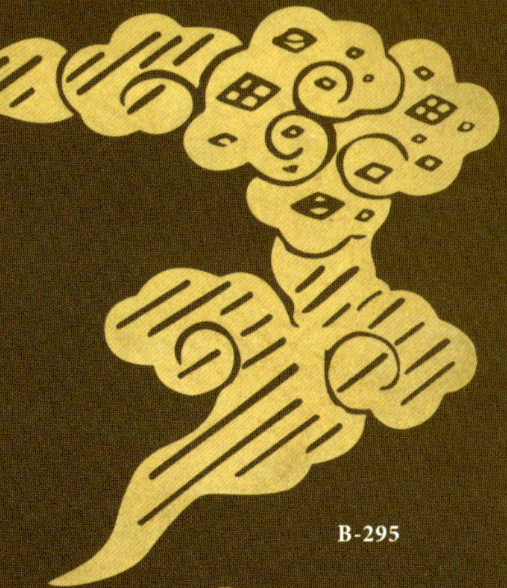
B-295

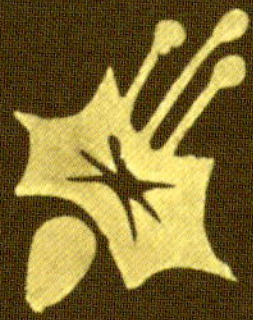
B-304

B-309

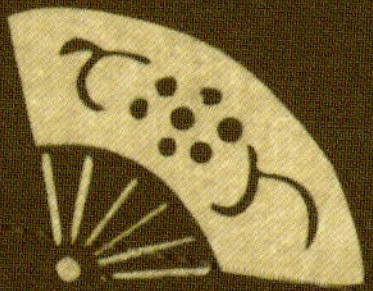
B-306

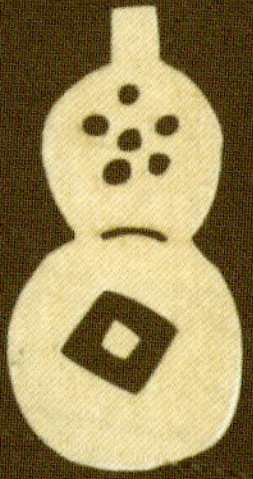
B-302

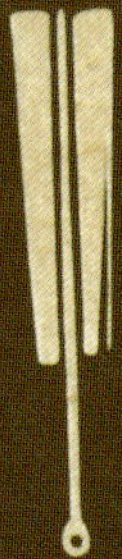
B-300

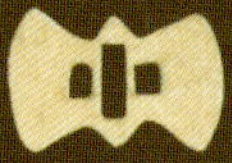
B-298

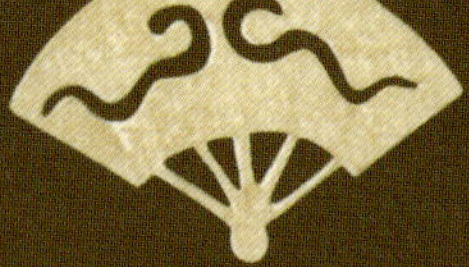
B-307

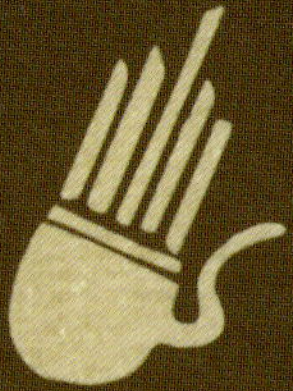
B-303

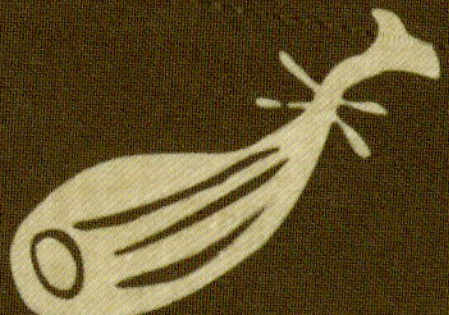
B-299

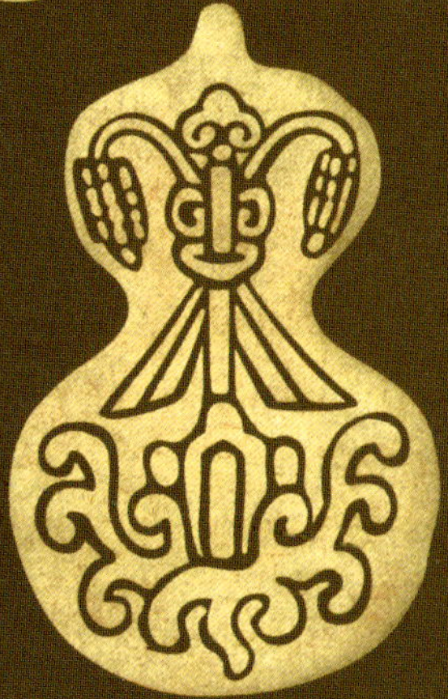
B-296

B-295 ～ 319 Jpg Png Eps

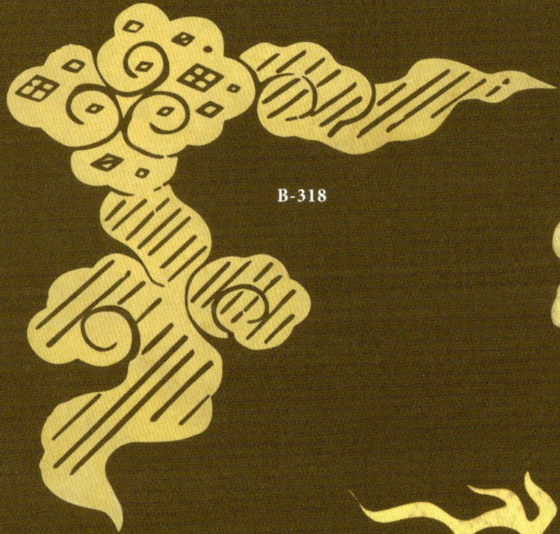

B-318

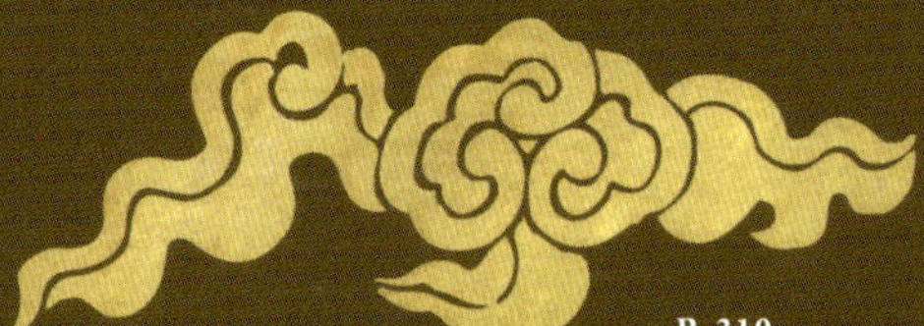

B-310

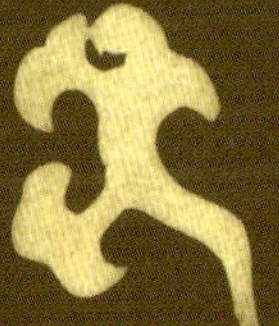

B-315

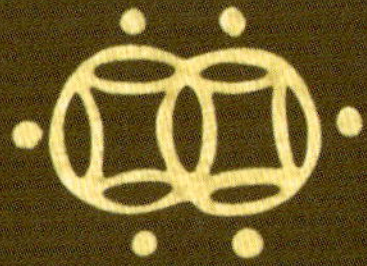

B-313

B-311

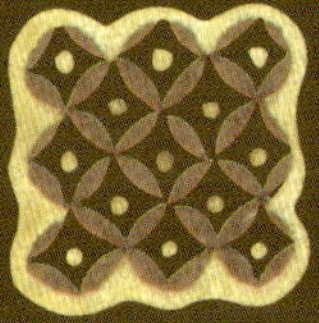

B-314

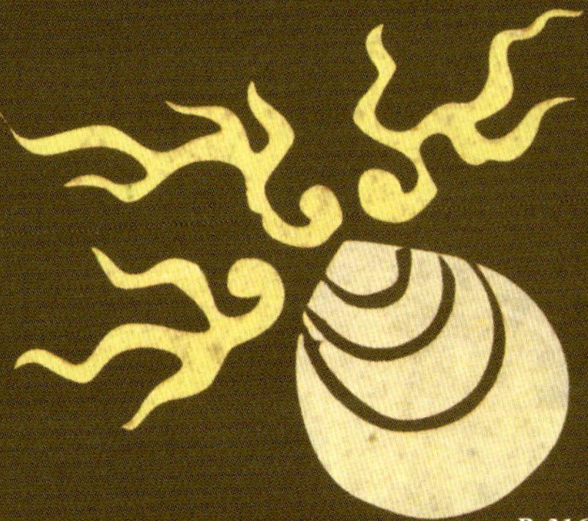

B-316

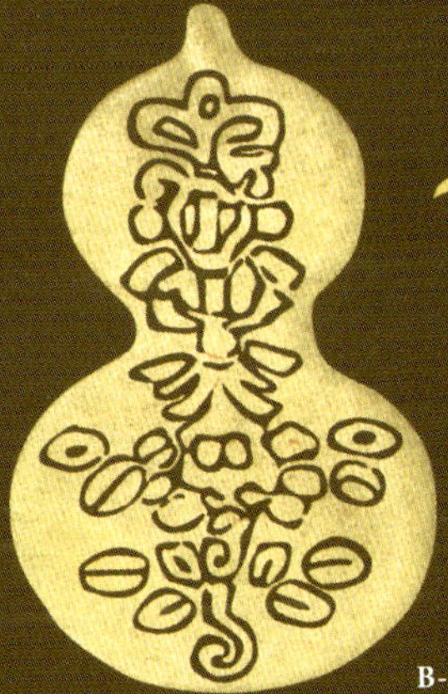

B-319

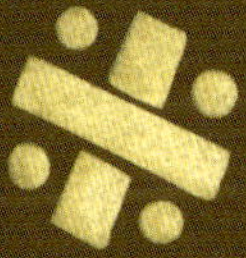

B-317

B-312

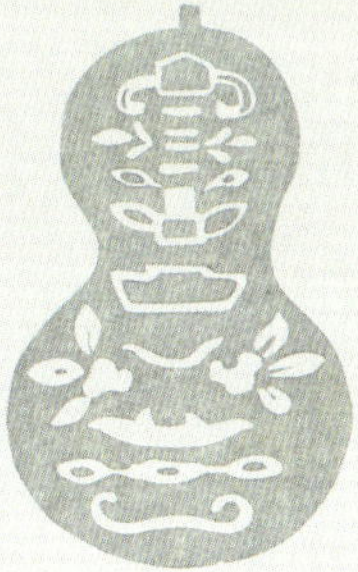

B-324

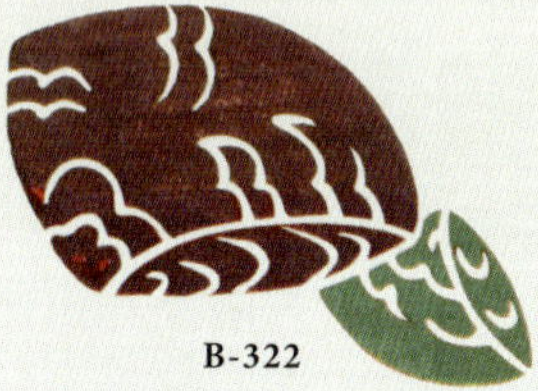

B-322

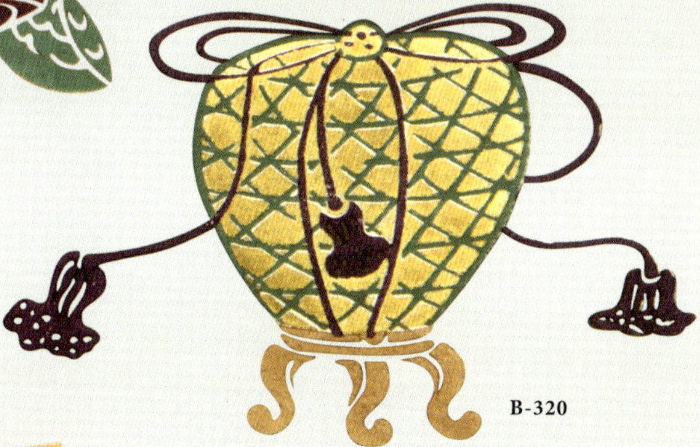

B-320

B-325

B-323

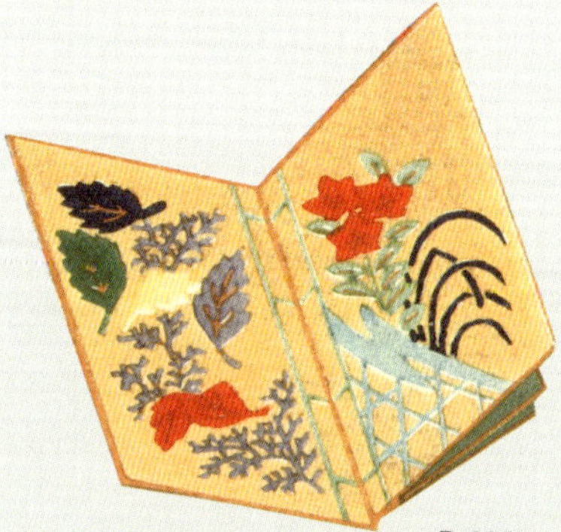

B-326

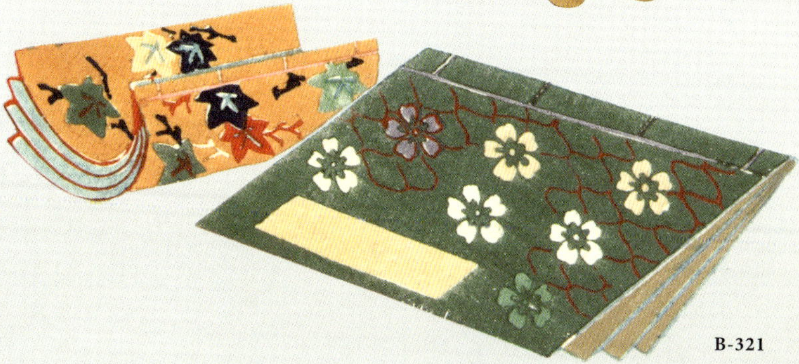

B-321

B-337

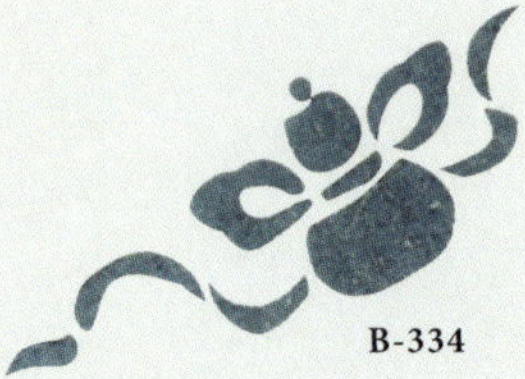
B-334

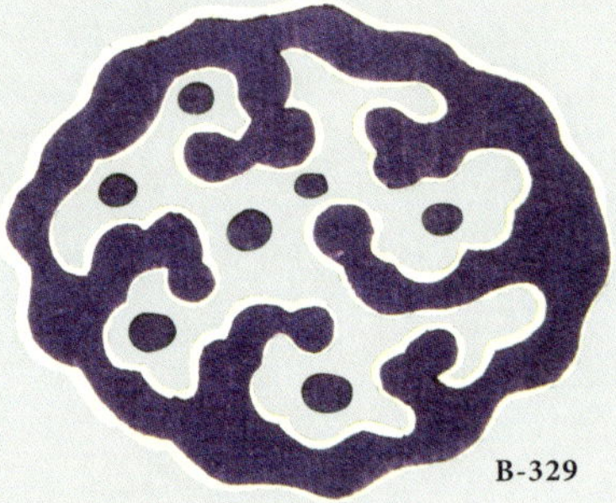
B-329

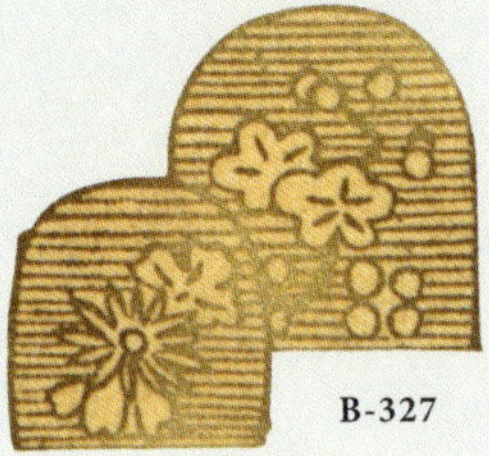
B-327

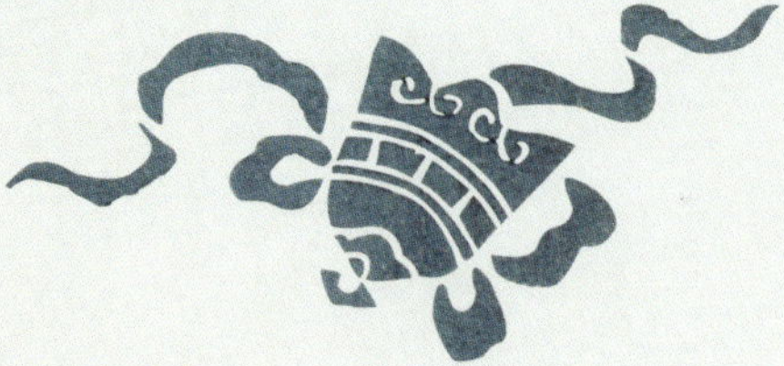
B-335

B-332

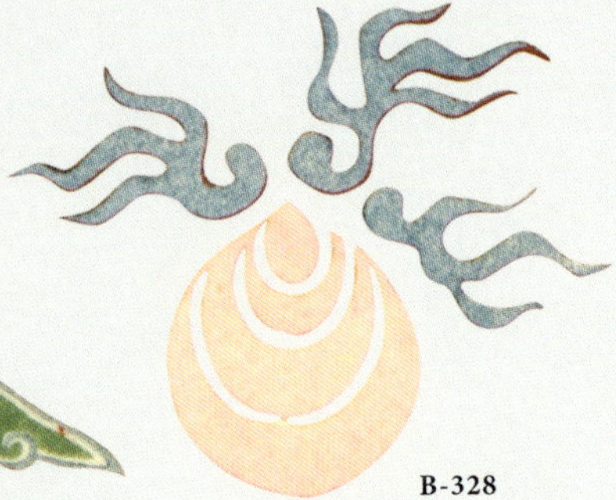
B-328

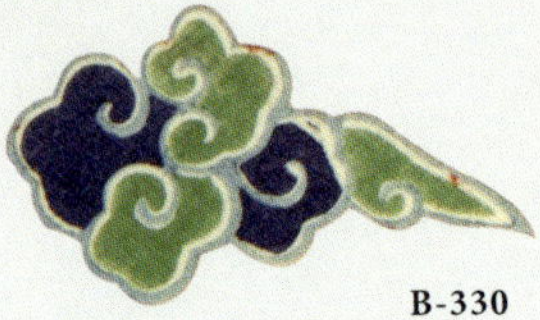
B-330

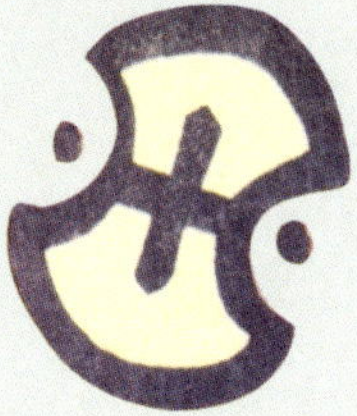
B-338

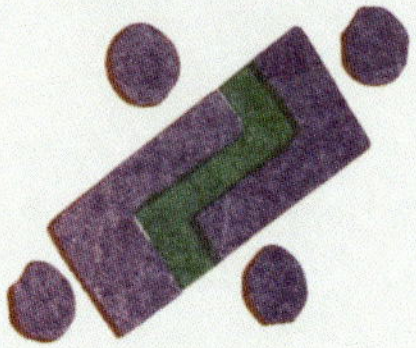
B-336

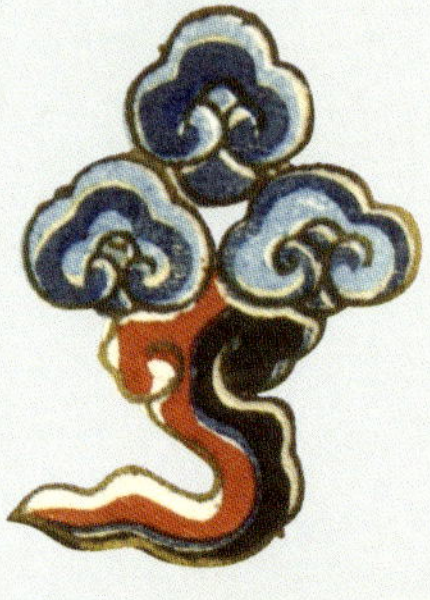
B-333

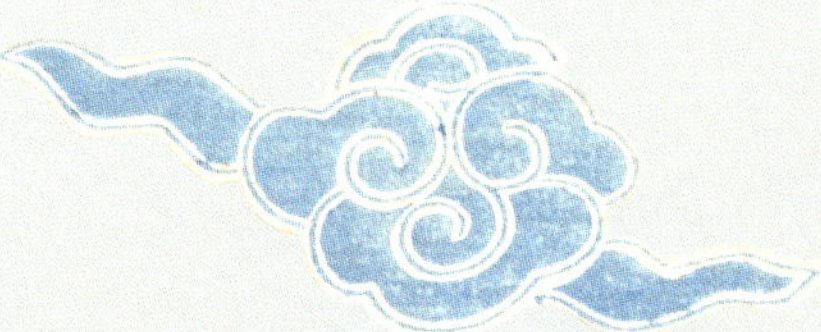
B-331

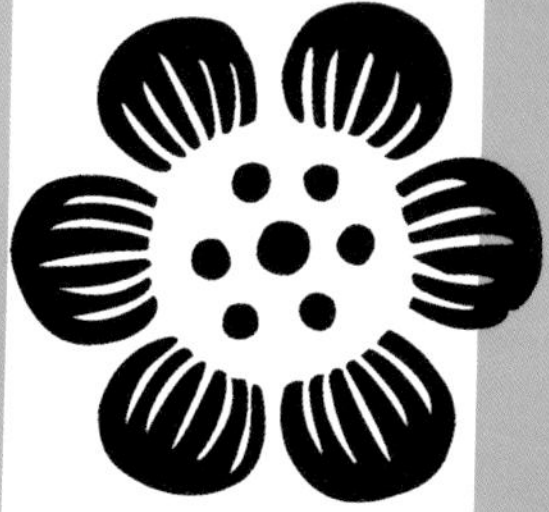
B-348

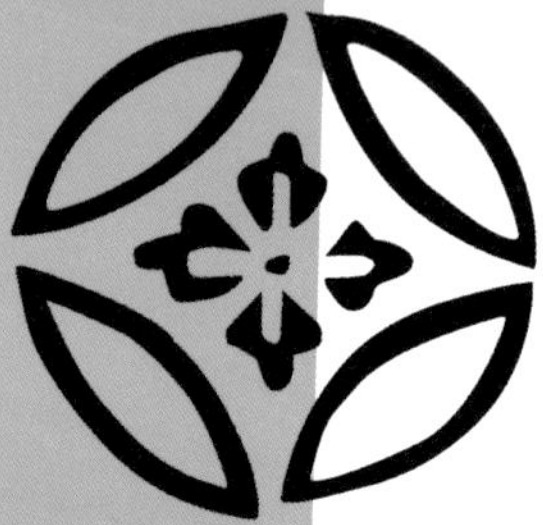
B-345

B-342

B-339

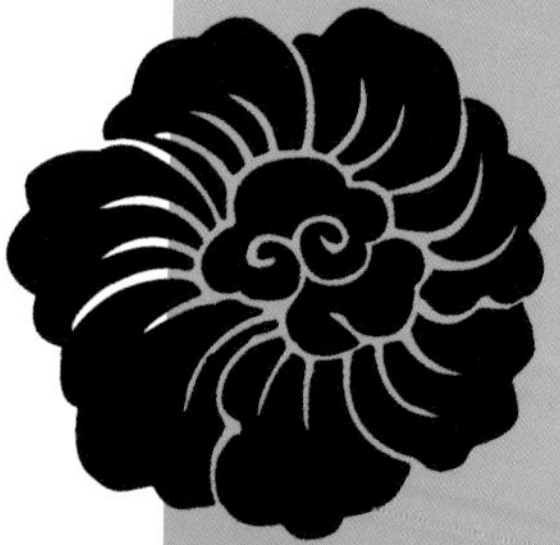
B-346

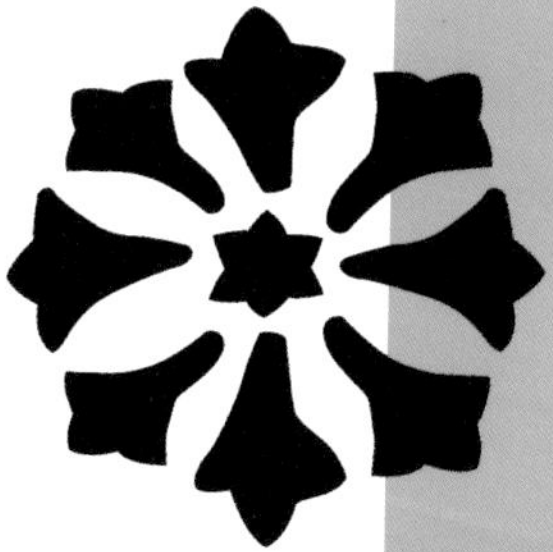
B-343

B-340

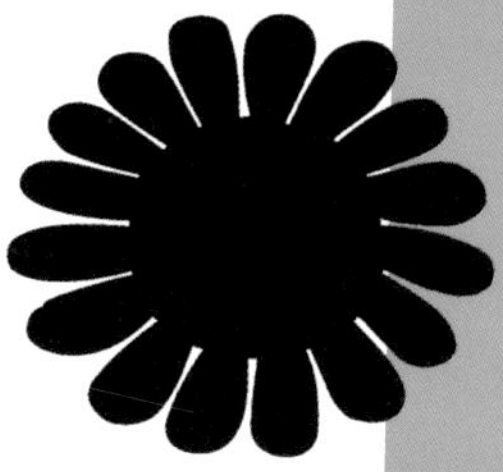
B-349

B-347

B-344

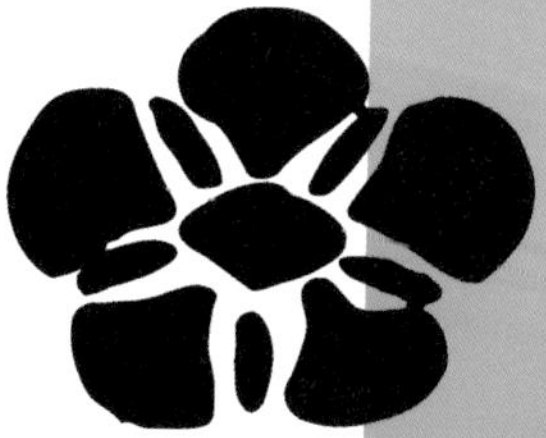
B-341

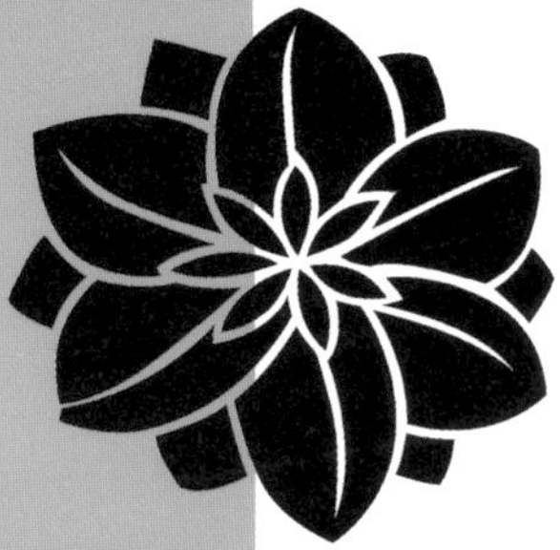
B-359

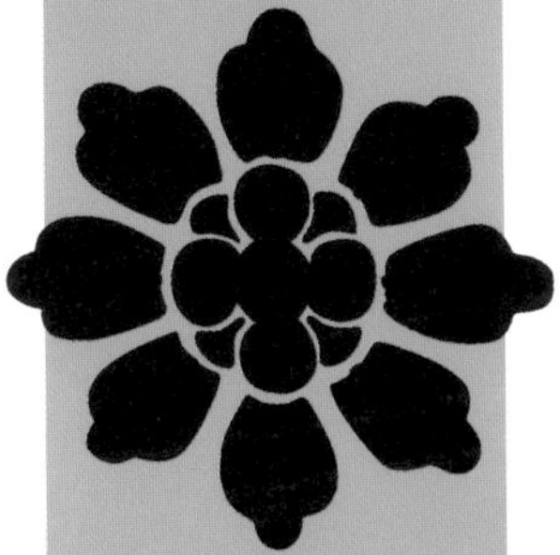
B-356

B-353

B-350

B-357

B-354

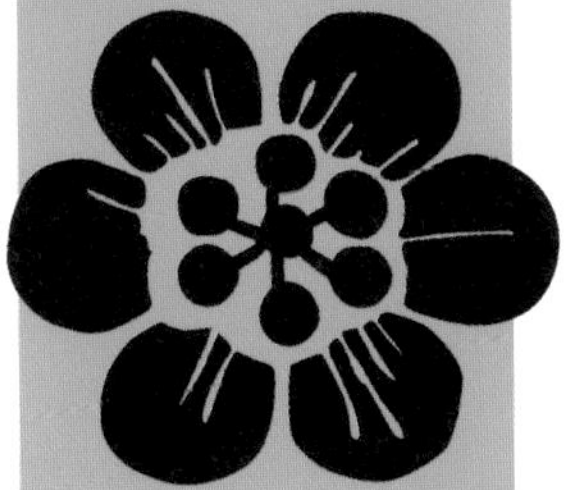
B-351

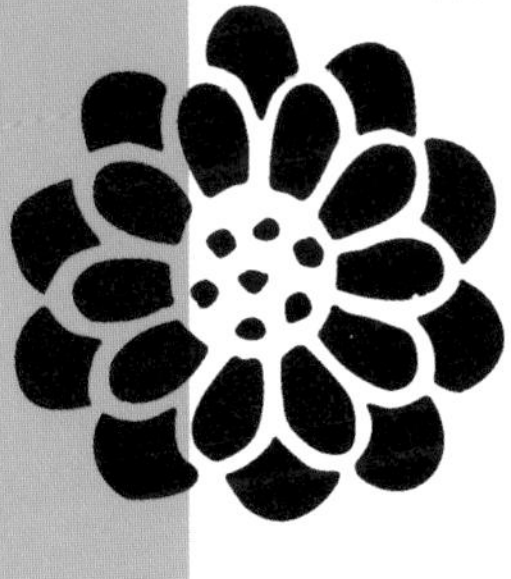
B-360

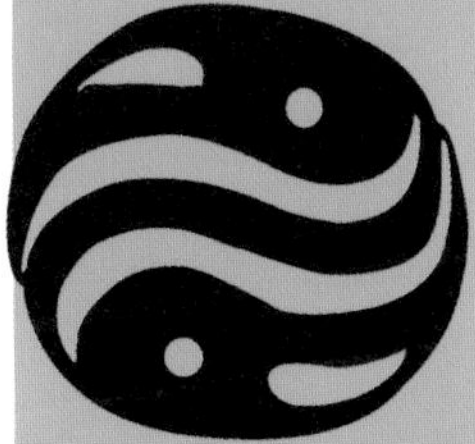
B-358

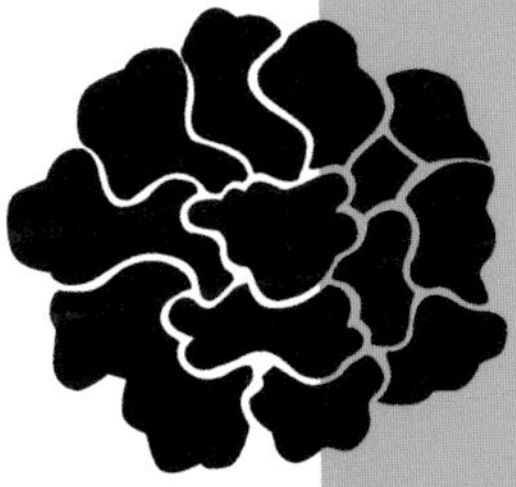
B-355

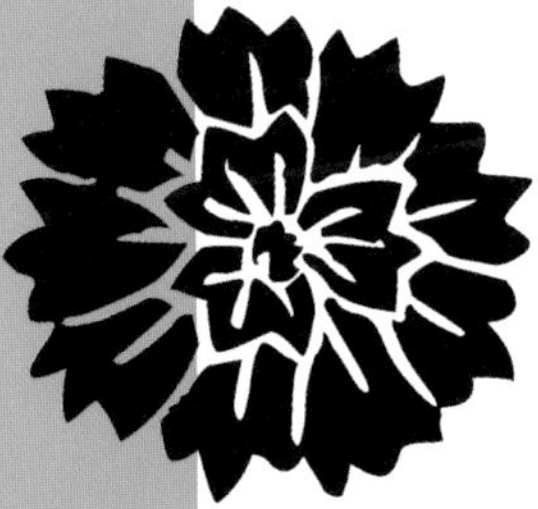
B-352

B-366

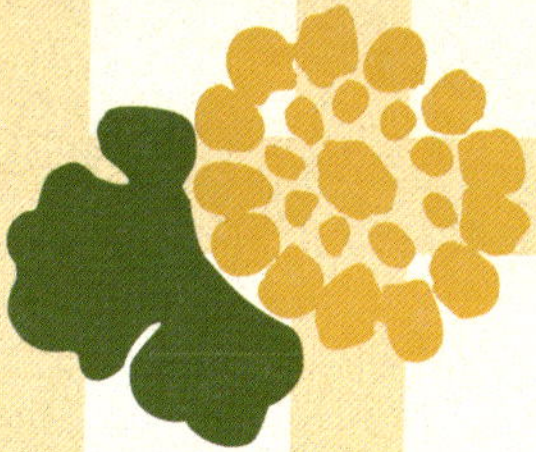
B-364

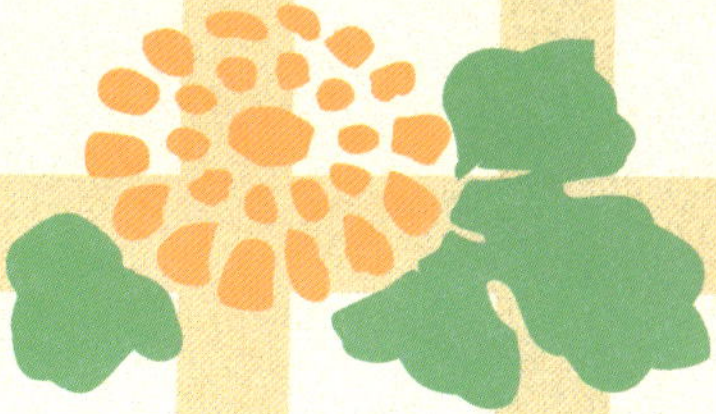
B-361

B-367

B-362

B-365

B-363

B-361 ～ 375 Jpg Png Eps

B-373

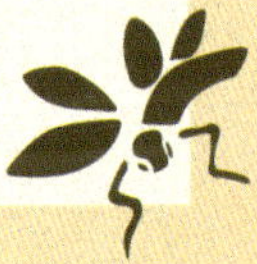

B-374

B-371

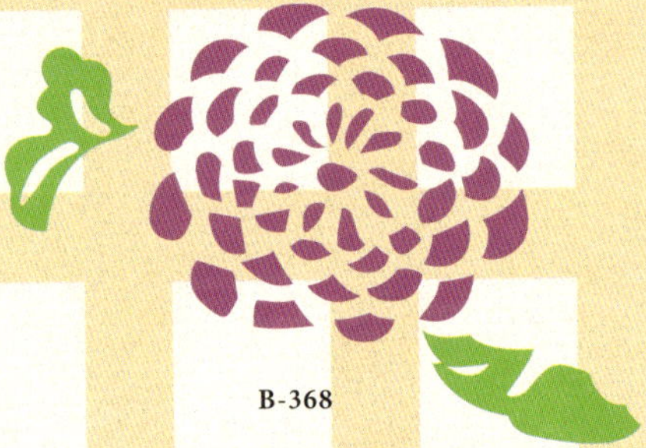

B-368

B-369

B-375

B-372

B-370

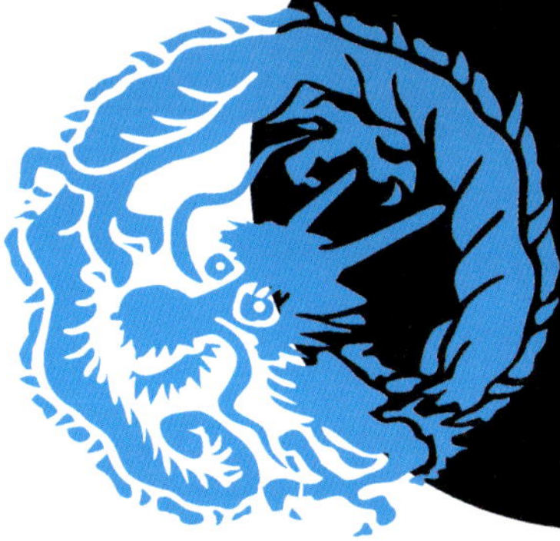

B-379

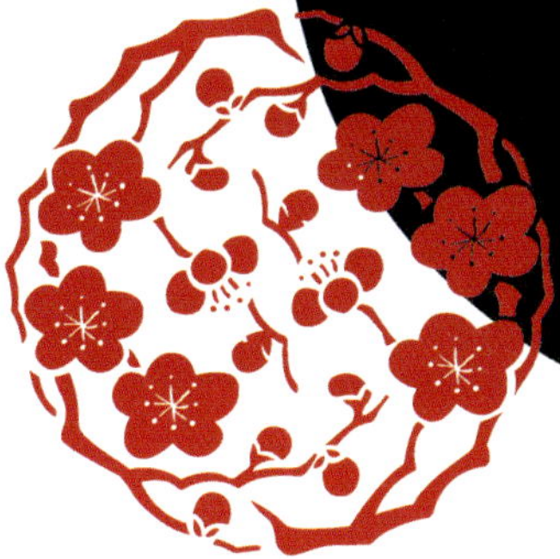

B-376

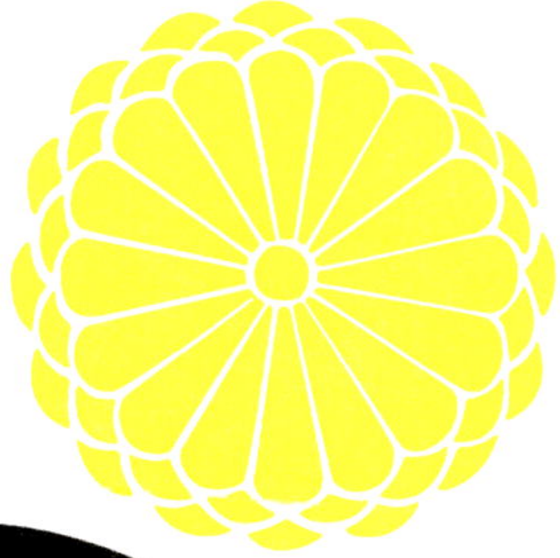

B-378

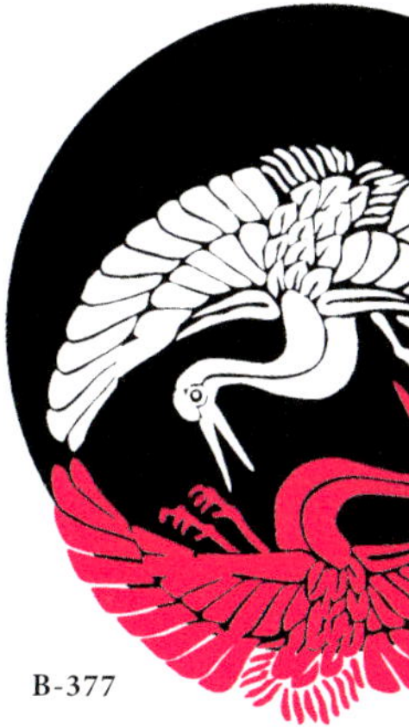

B-377

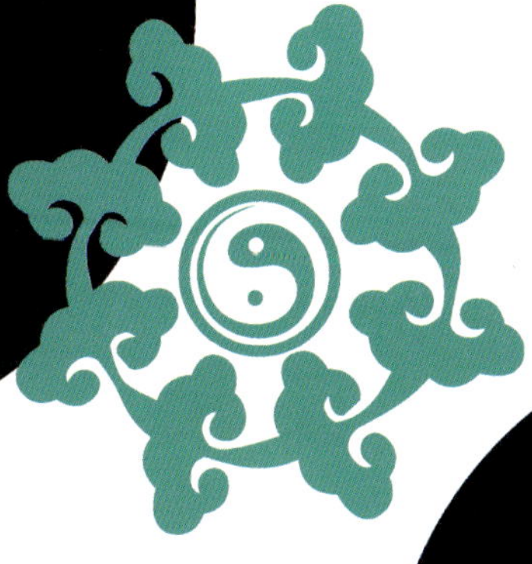

B-380

B-376 ～ 386 Jpg Png Eps

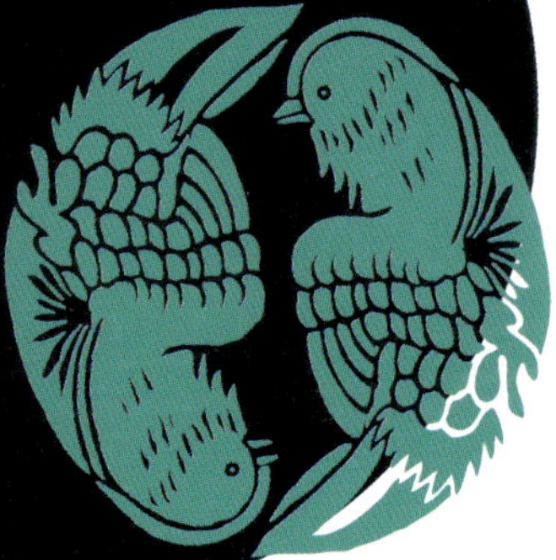

B-385

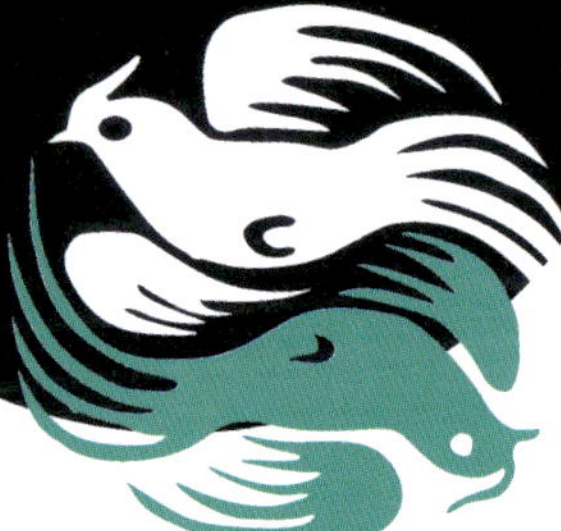

B-381

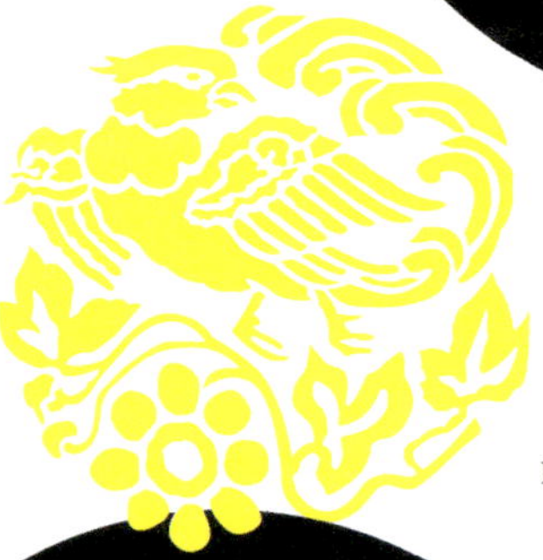

B-383

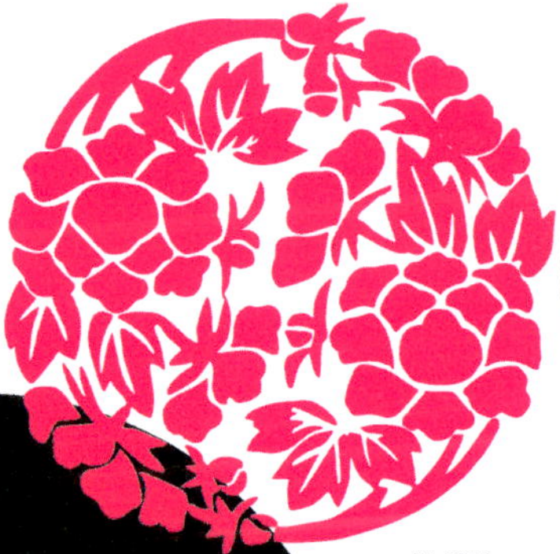

B-386

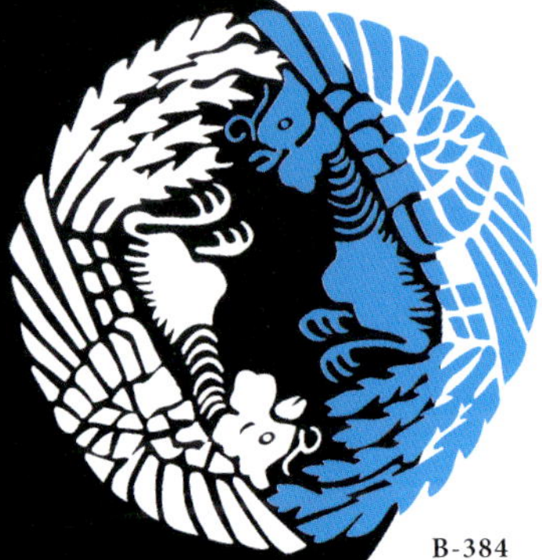

B-384

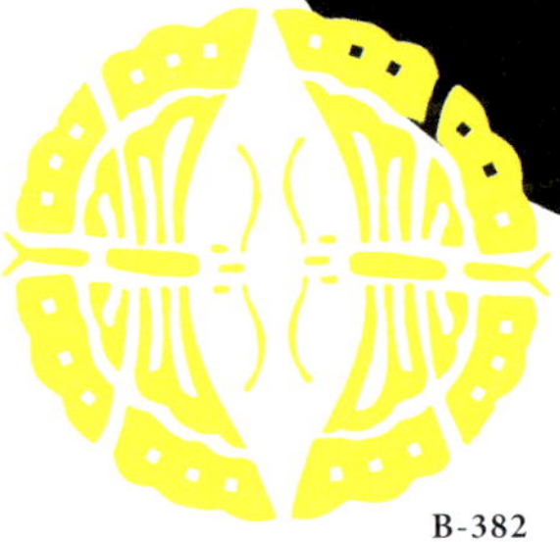

B-382

B-393

B-390

B-387

B-392

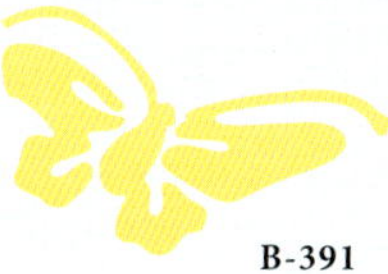

B-391

B-388

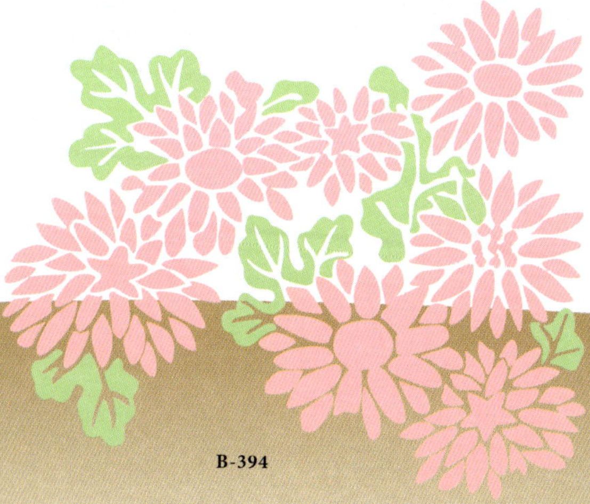

B-394

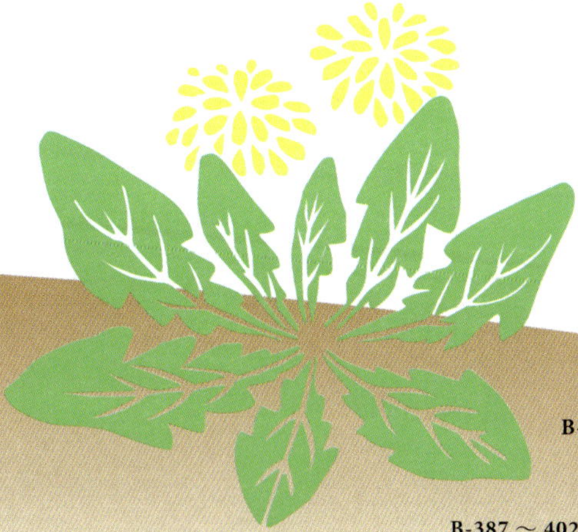

B-389

B-387 ～ 402 Jpg Png Eps

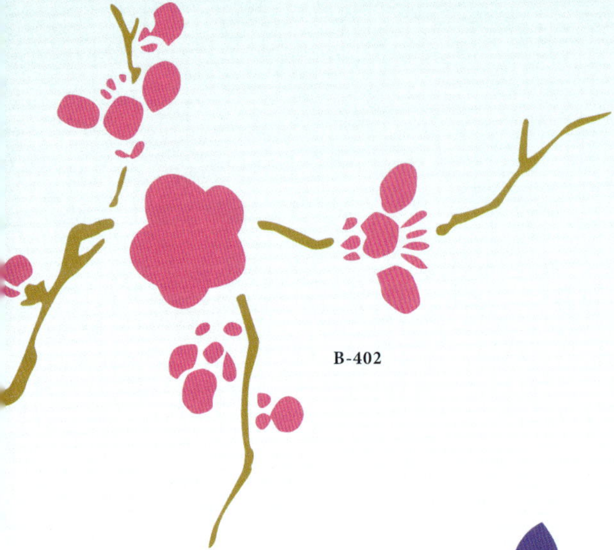
B-402

B-398

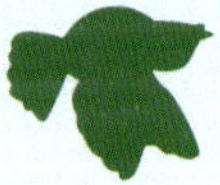
B-397

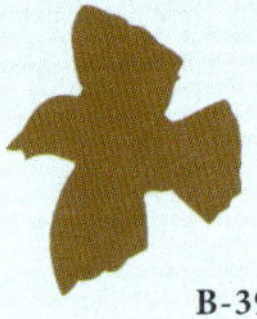
B-395

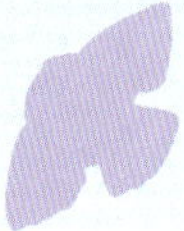
B-396

B-401

B-400

B-399

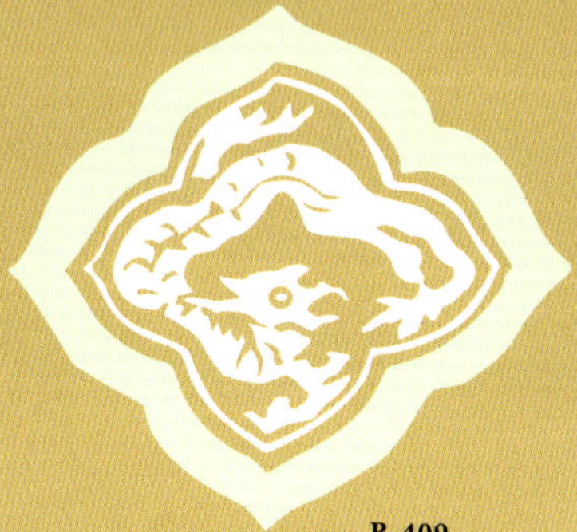

B-409

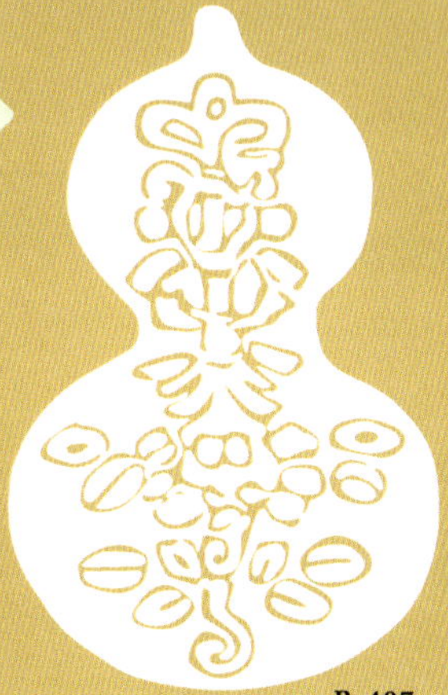

B-407

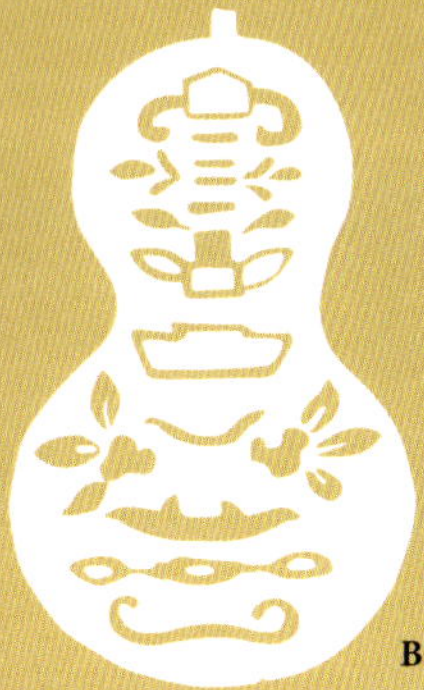

B-406

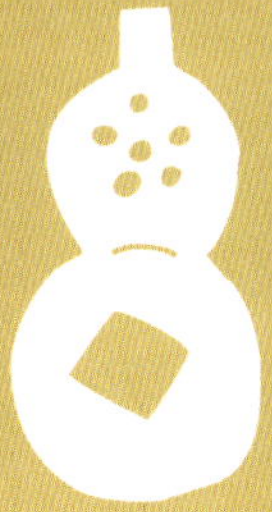

B-403

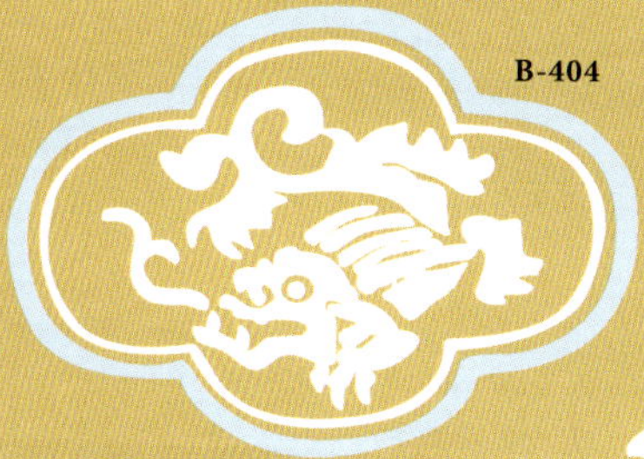

B-404

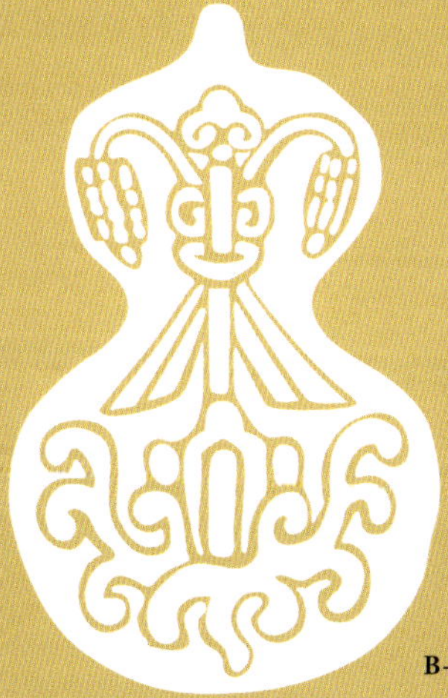

B-410

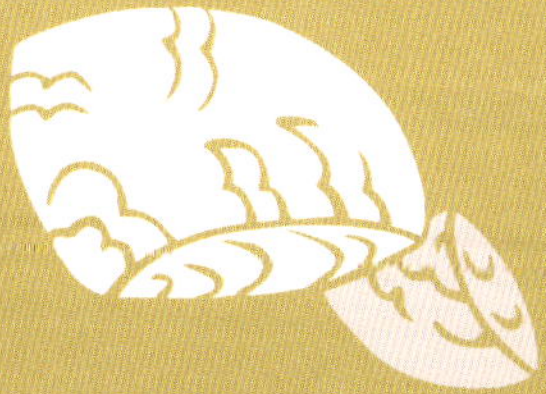

B-408

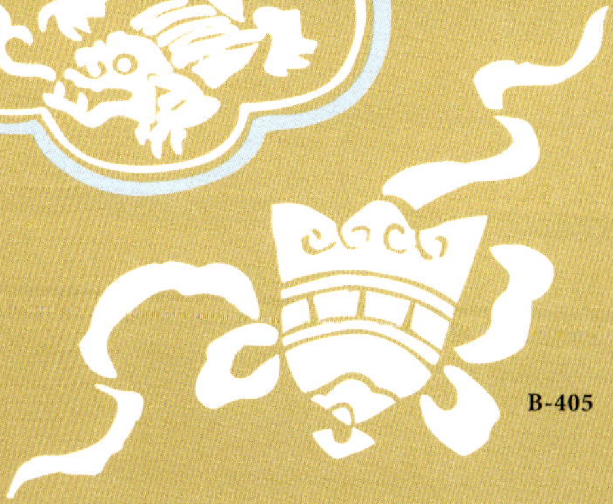

B-405

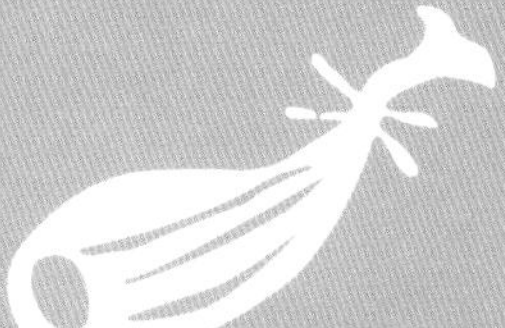
B-422

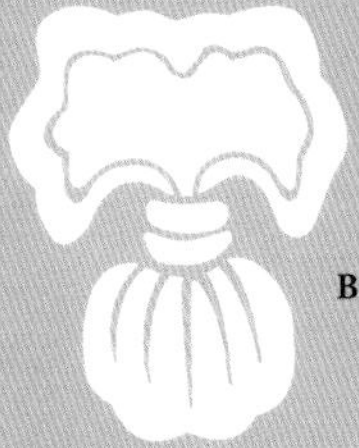
B-419

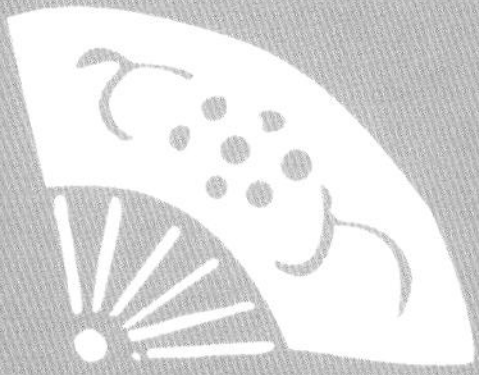
B-415

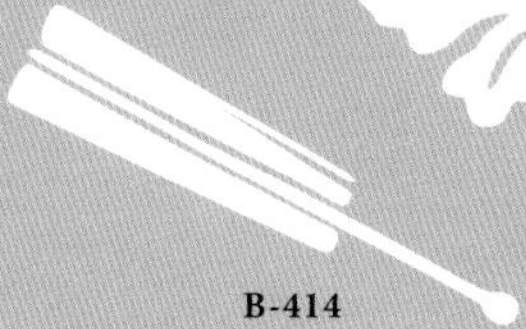
B-414

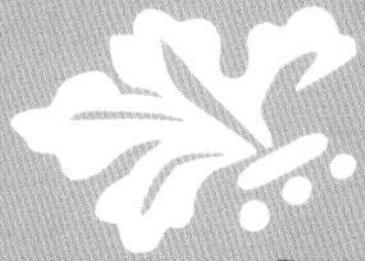
B-411

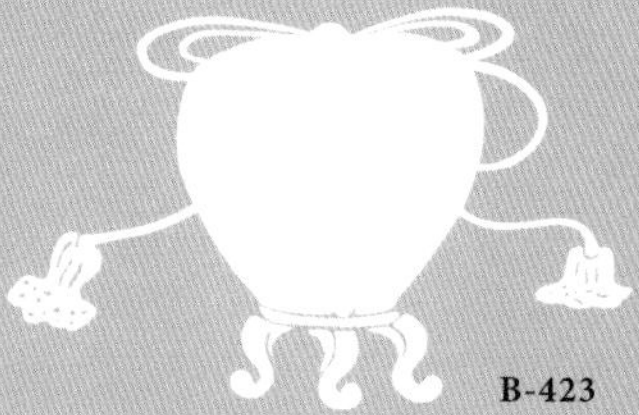
B-423

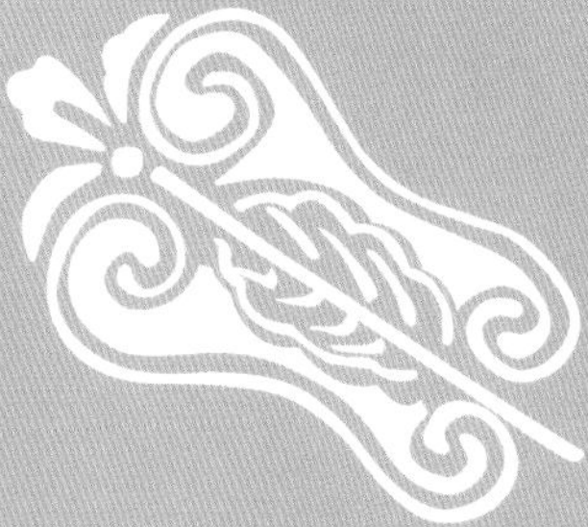
B-420

B-416

B-412

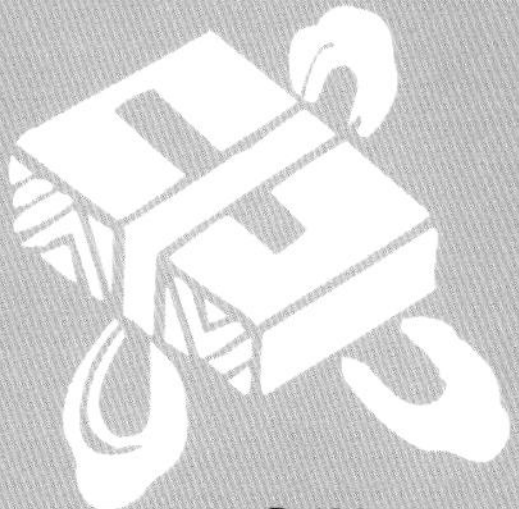
B-424

B-421

B-417

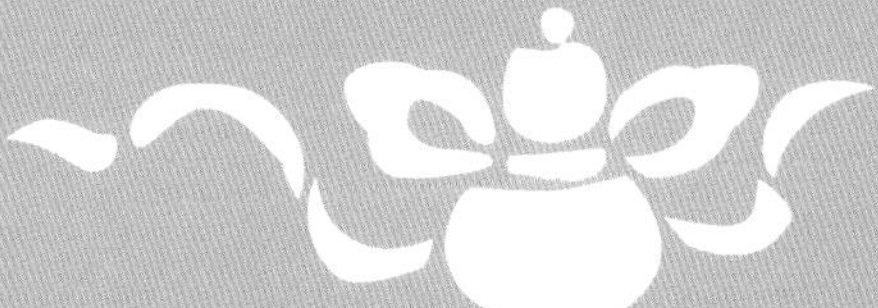
B-418

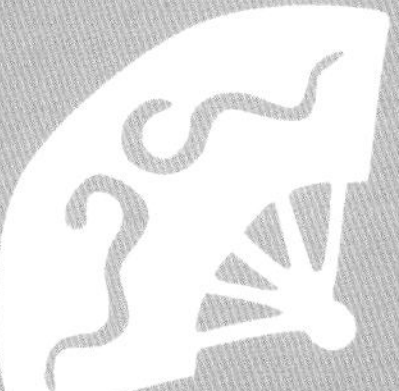
B-413

B-432

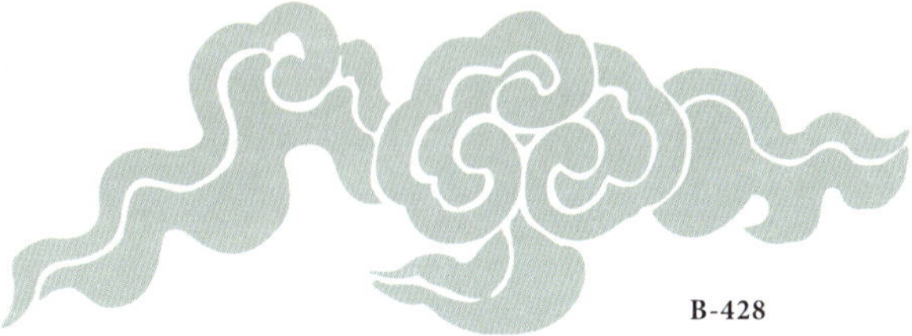
B-428

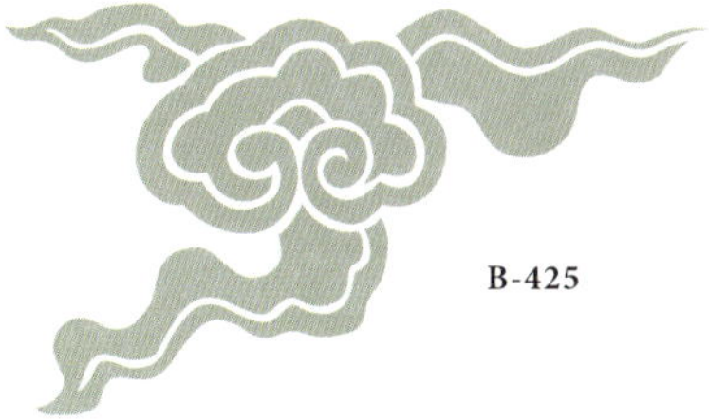
B-425

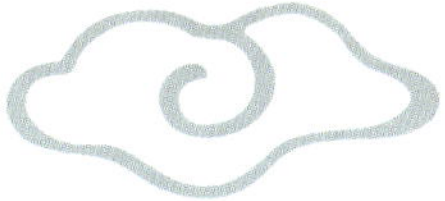
B-436

B-433

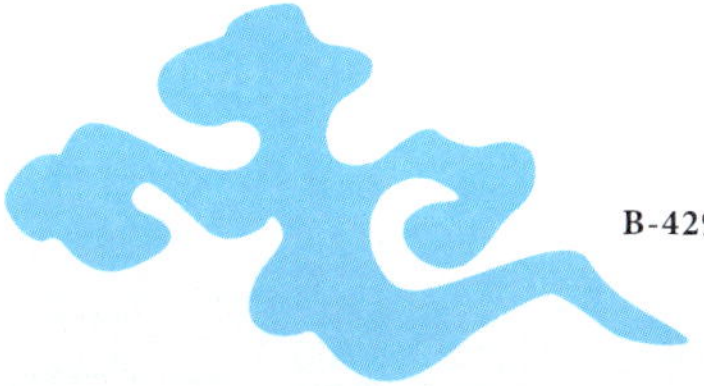
B-429

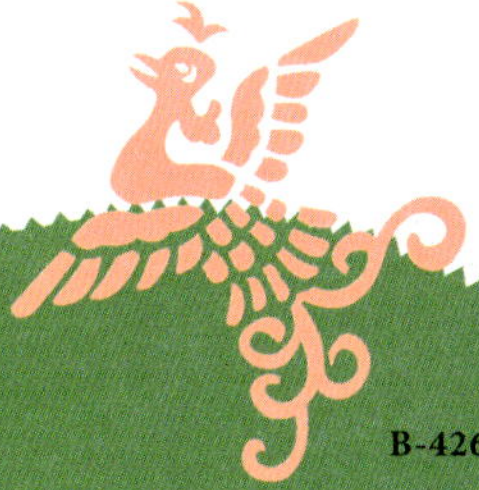
B-426

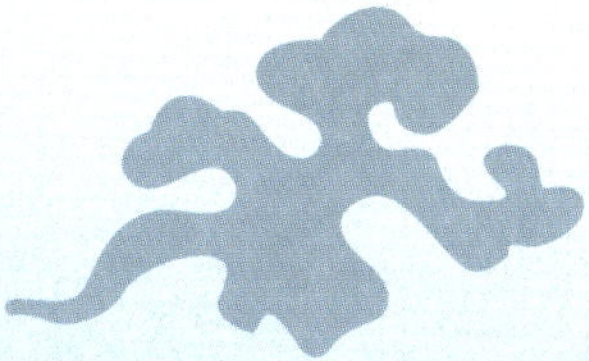
B-434

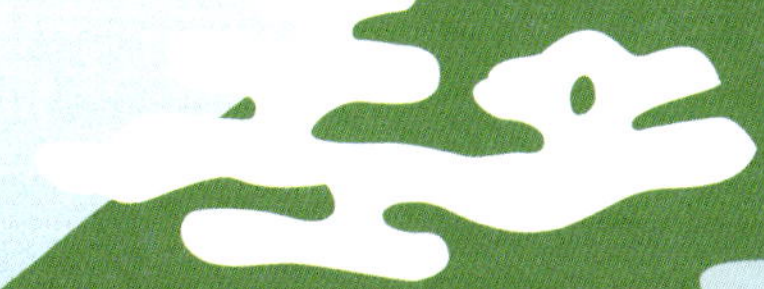
B-430

B-435

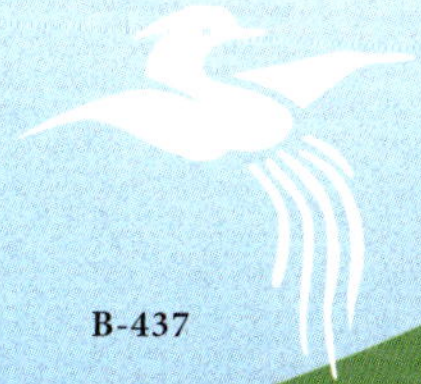
B-437

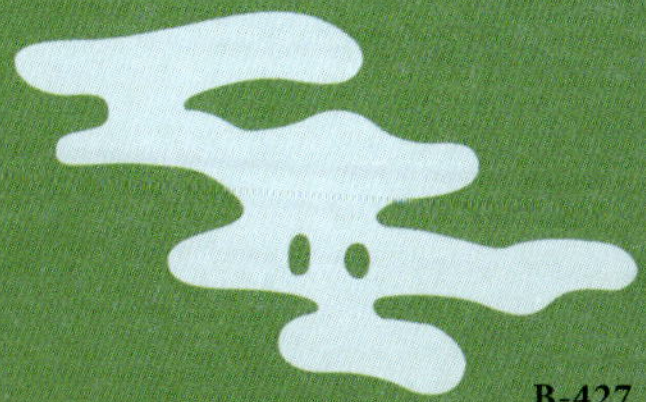
B-427

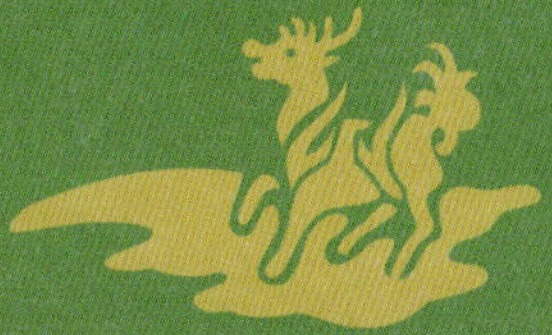
B-431

B-425 ～ 448 Jpg Png Eps

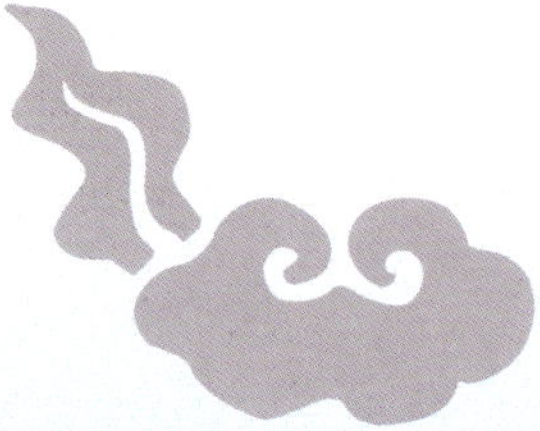

B-448

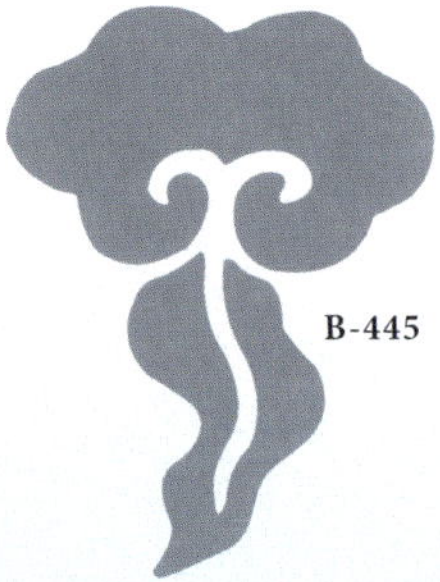

B-445

B-442

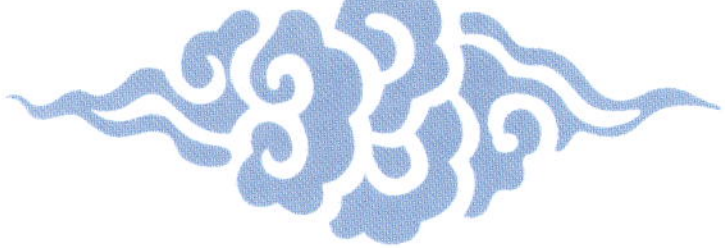

B-438

B-446

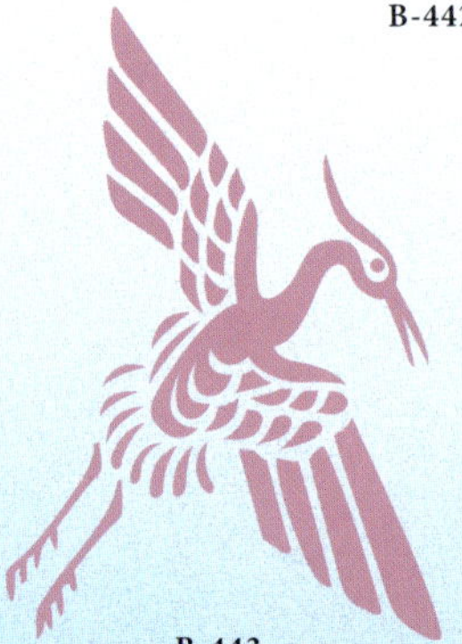

B-443

B-439

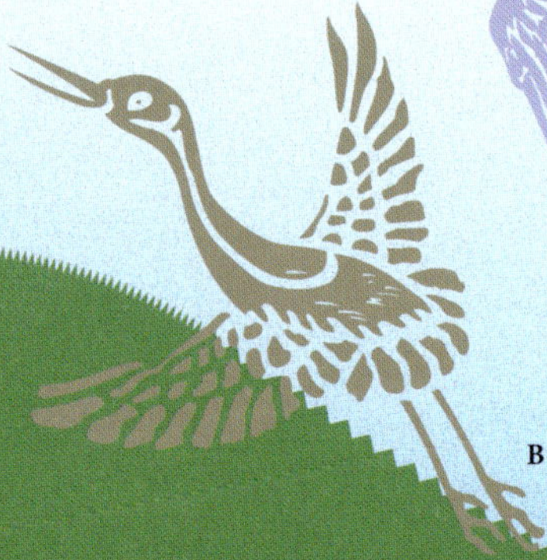

B-441

B-440

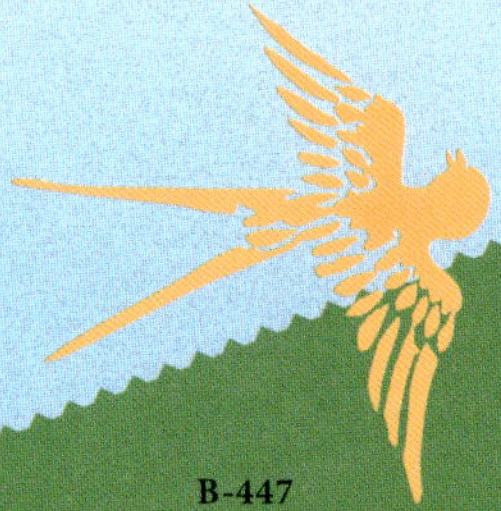

B-447

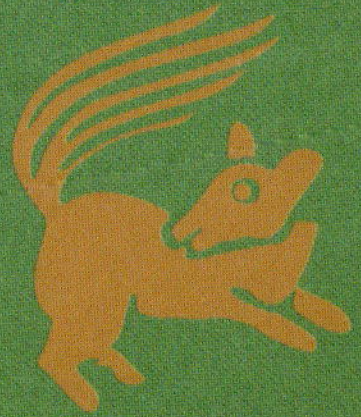

B-444

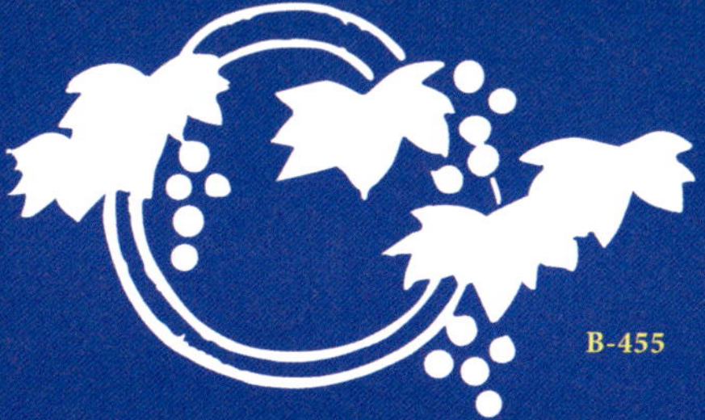
B-455

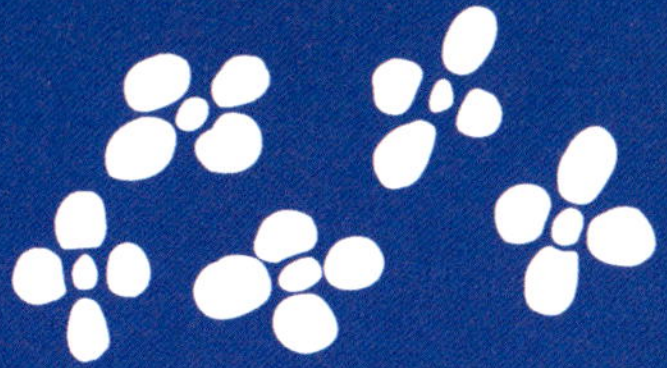
B-452

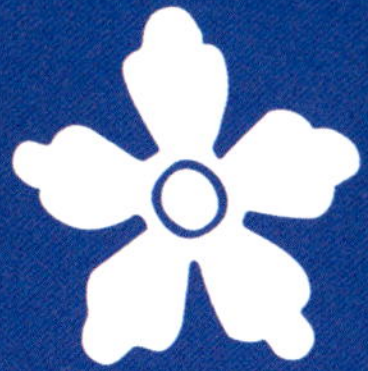
B-449

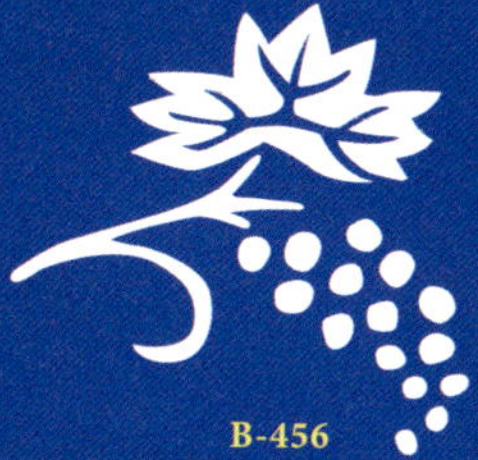
B-456

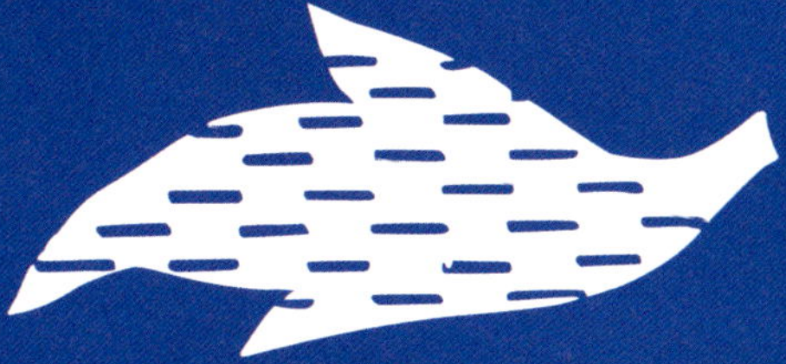
B-453

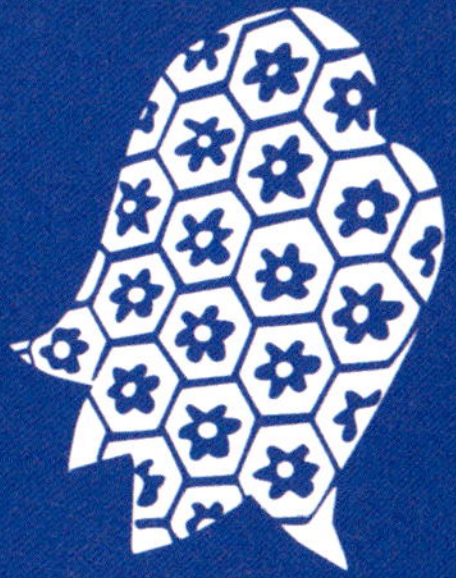
B-450

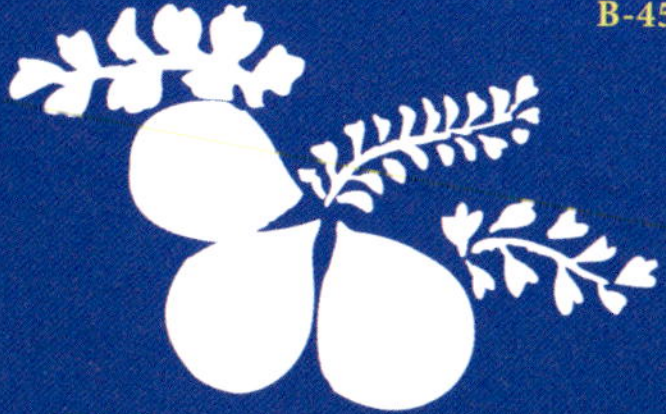
B-458

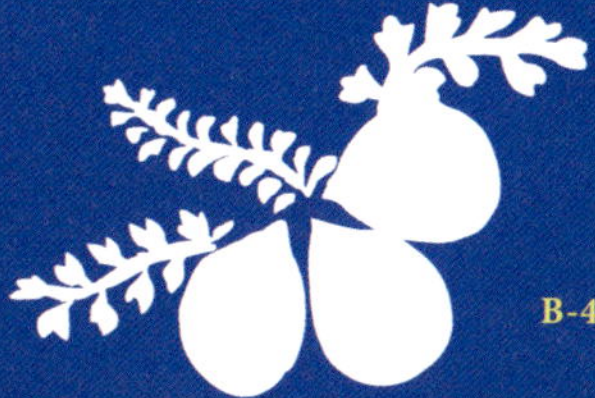
B-457

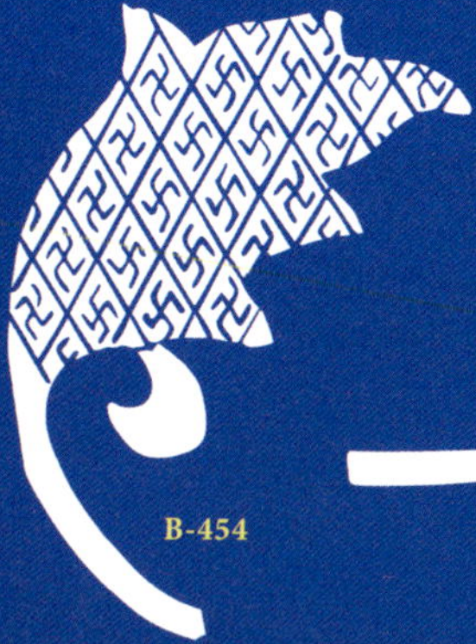
B-454

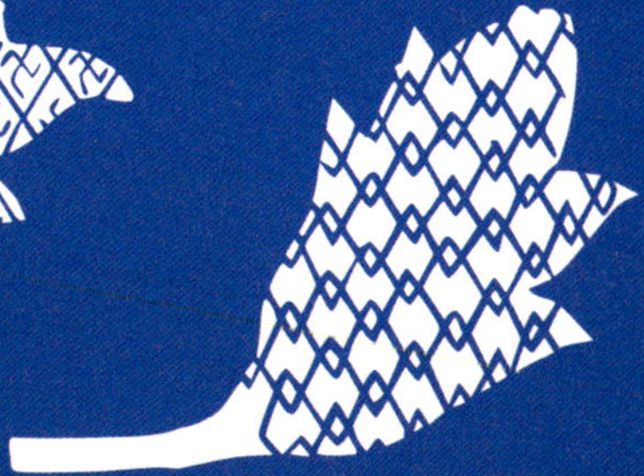
B-451

B-466

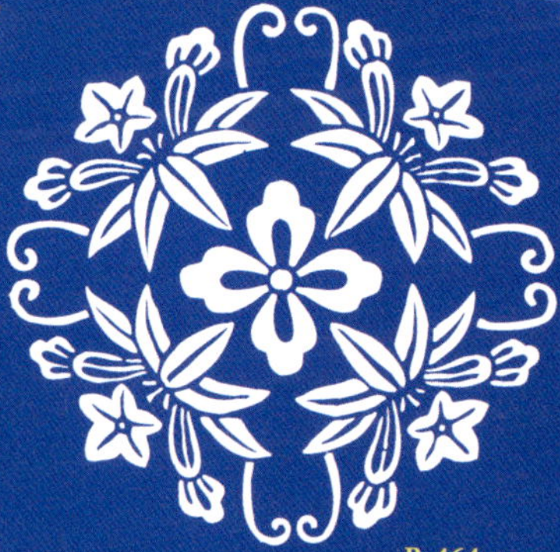
B-464

B-461

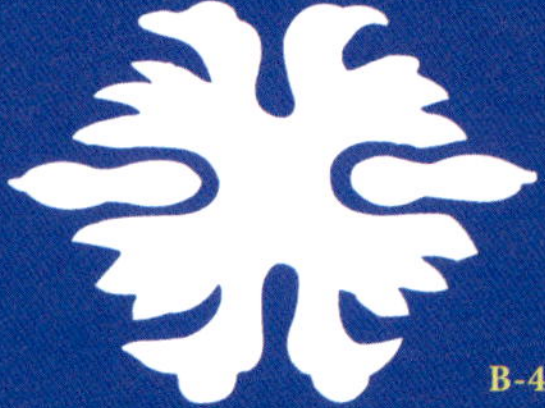
B-459

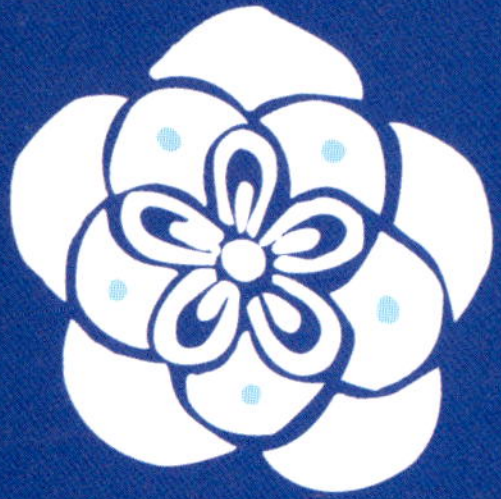
B-467

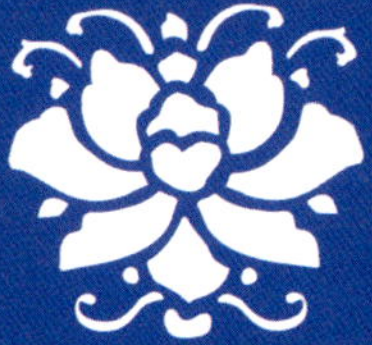
B-462

B-465

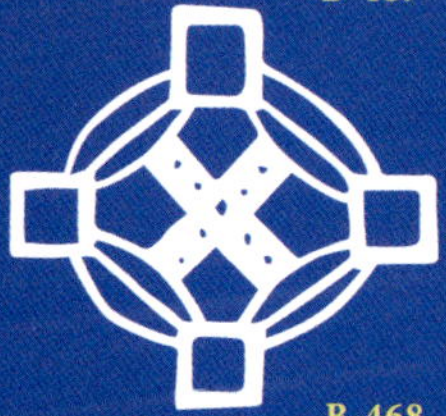
B-468

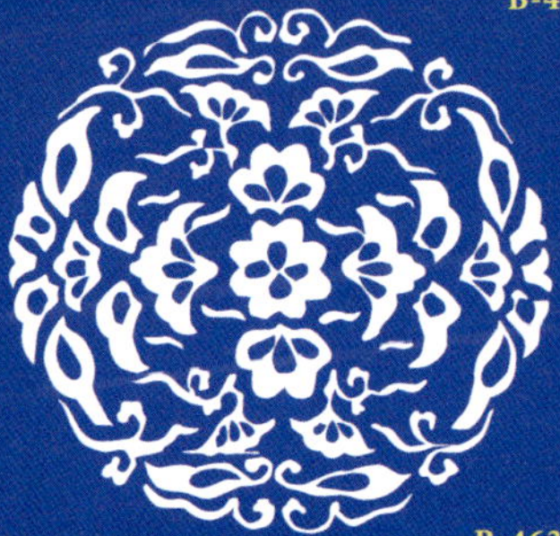
B-463

B-460

B-484

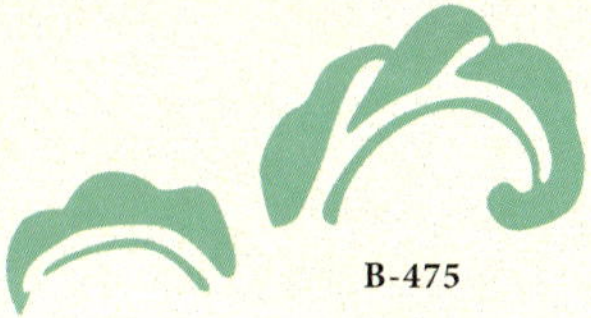
B-475

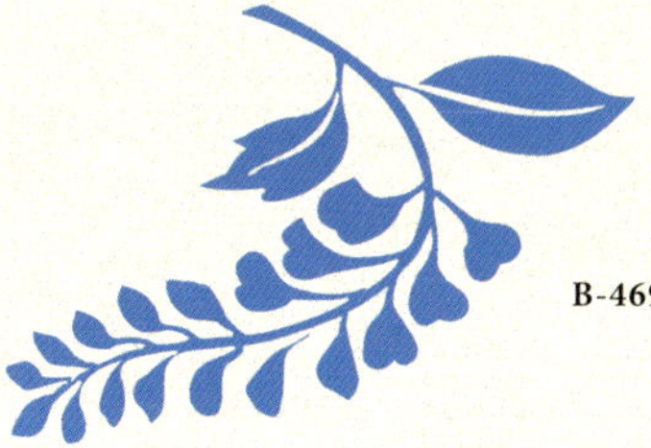
B-469

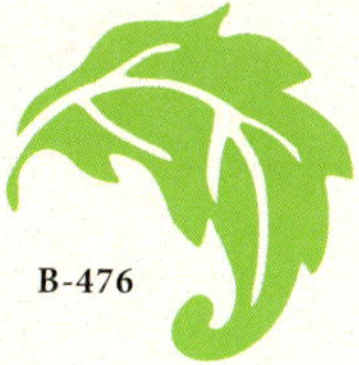
B-476

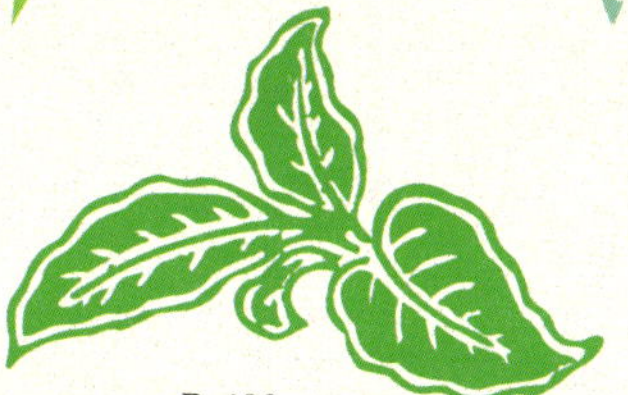
B-482

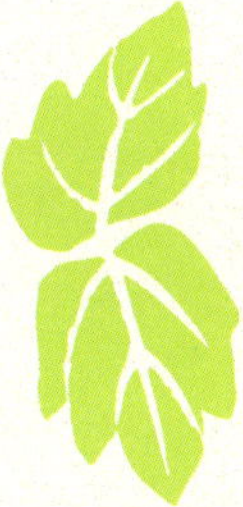
B-486

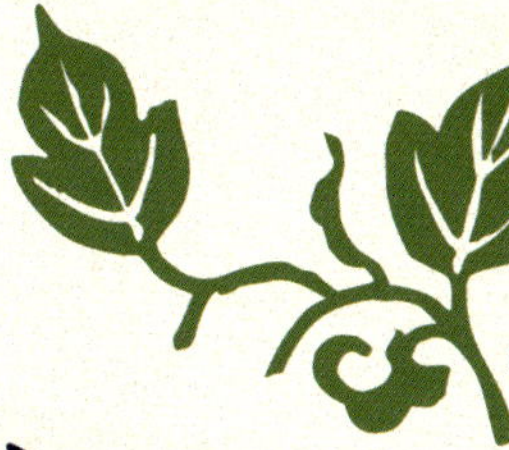
B-480

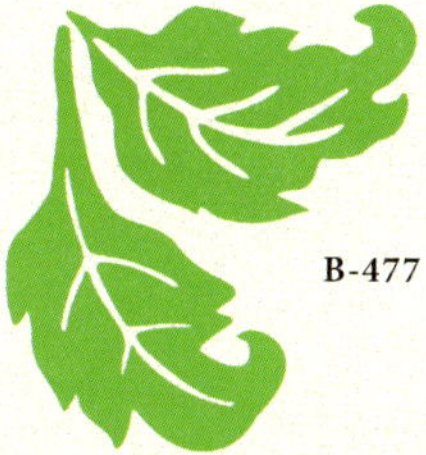
B-477

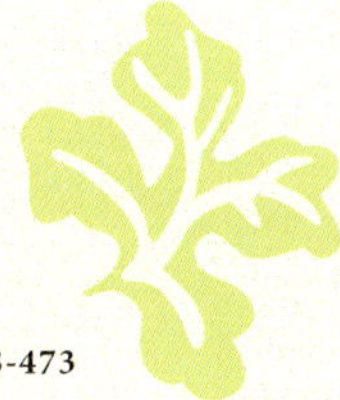
B-473

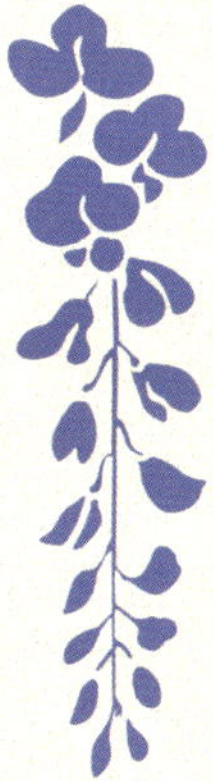
B-470

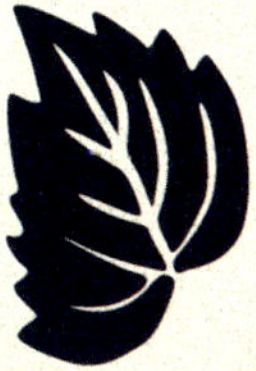
B-485

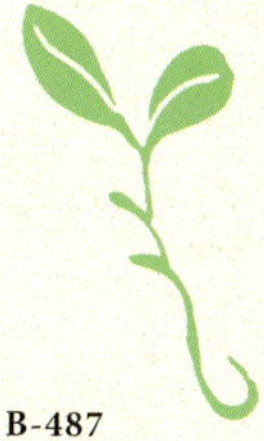
B-487

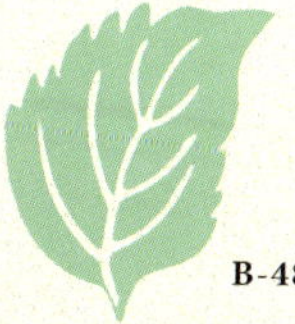
B-481

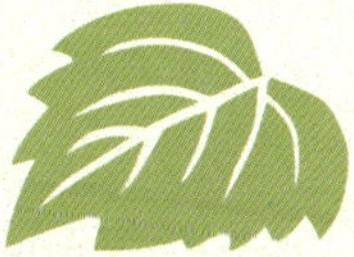
B-478

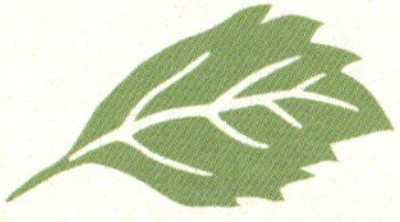
B-472

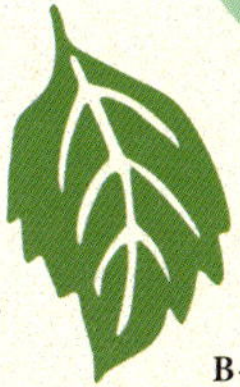
B-483

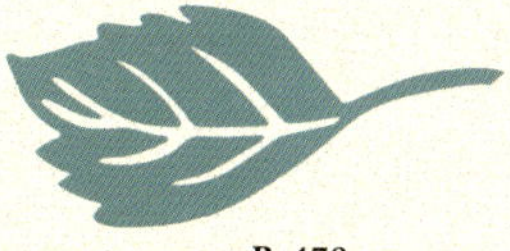
B-479

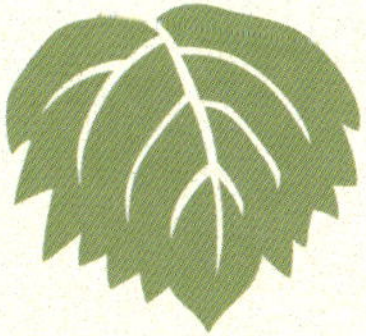
B-474

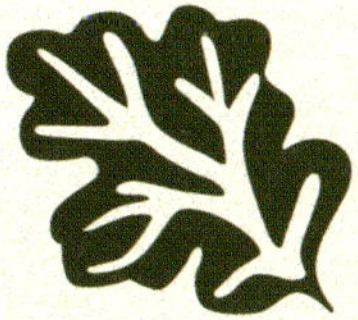
B-471

B-498

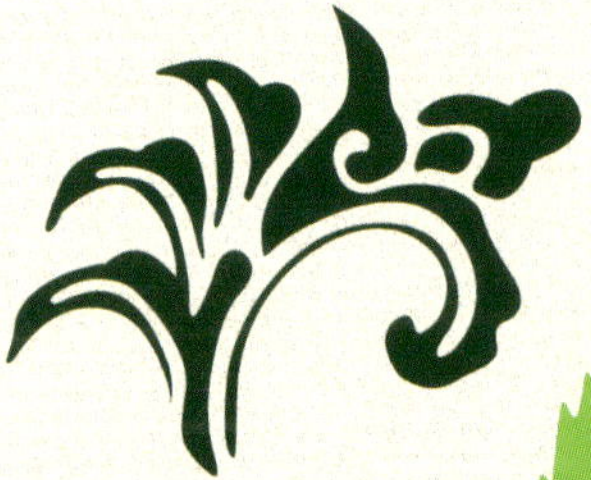

B-497

B-494

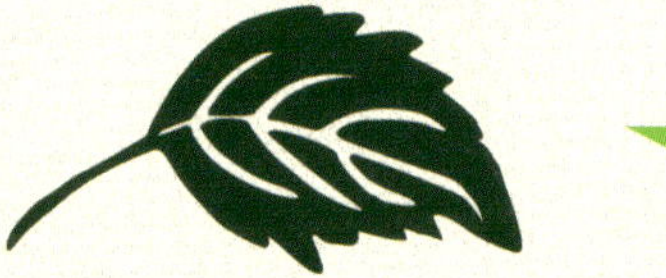

B-492

B-488

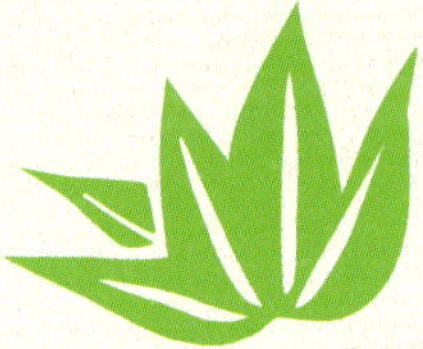

B-489

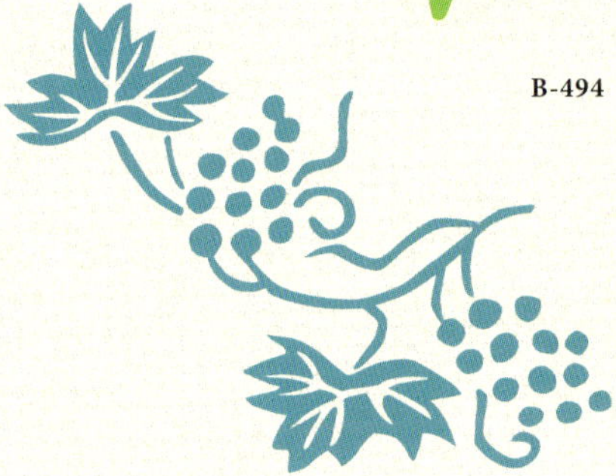

B-495

B-490

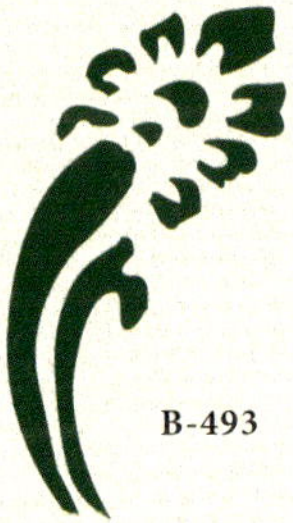

B-493

B-496

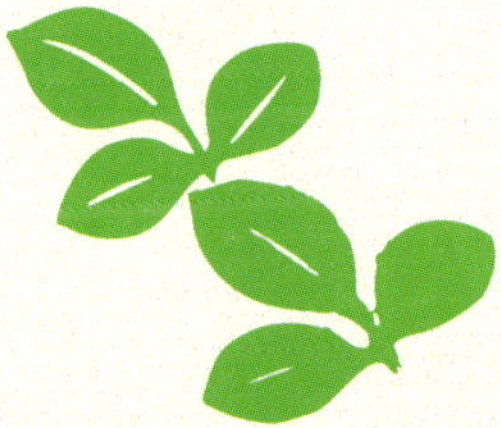

B-491

ティッシュ
ケースなどの
小物づくりに…

［使用素材］
A-055

布プリント用紙に印刷して雑貨づくり。

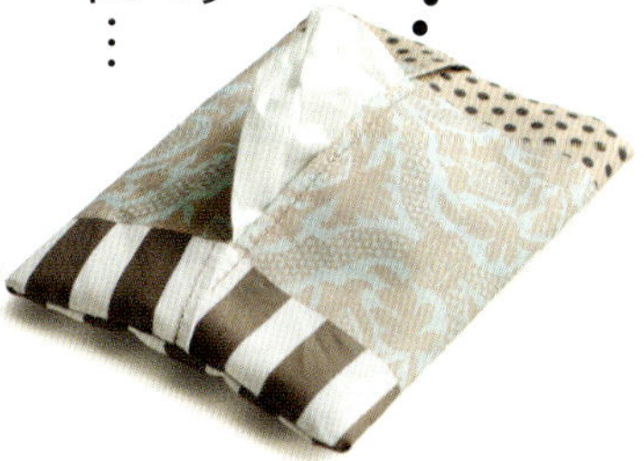

Scene 3

【連続模様】

Seamless Pattern

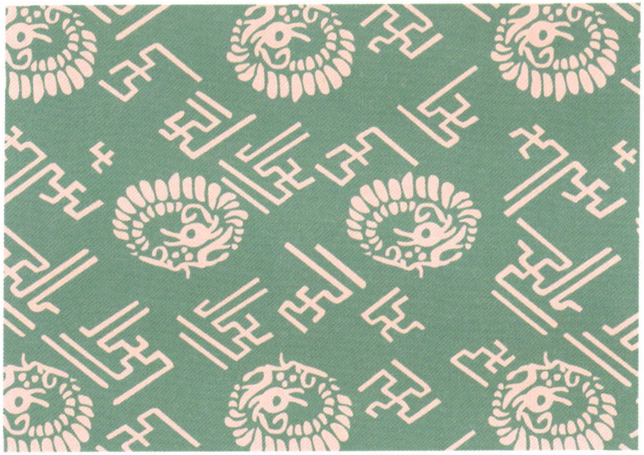

C-002 Jpg Png Eps

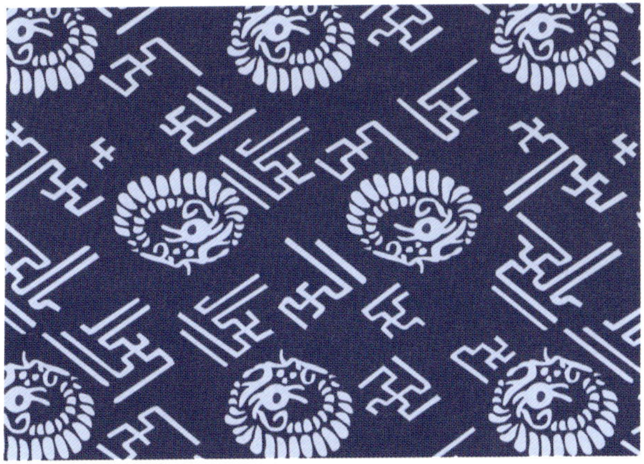

C-001 Jpg Png Eps

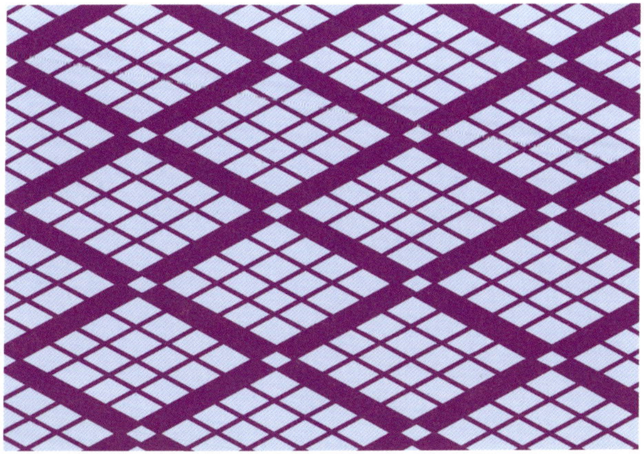

C-004 Jpg Png Eps

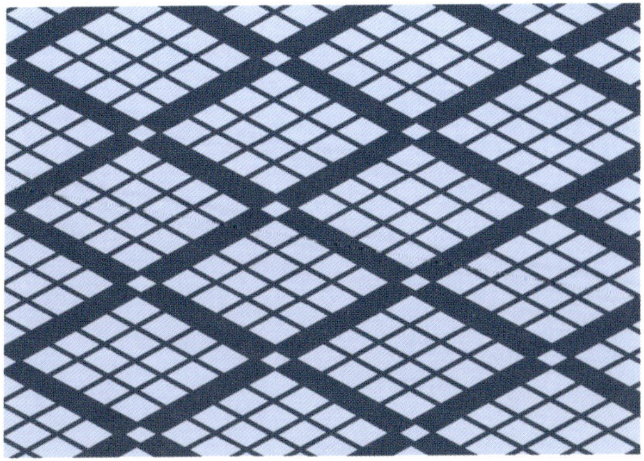

C-003 Jpg Png Eps

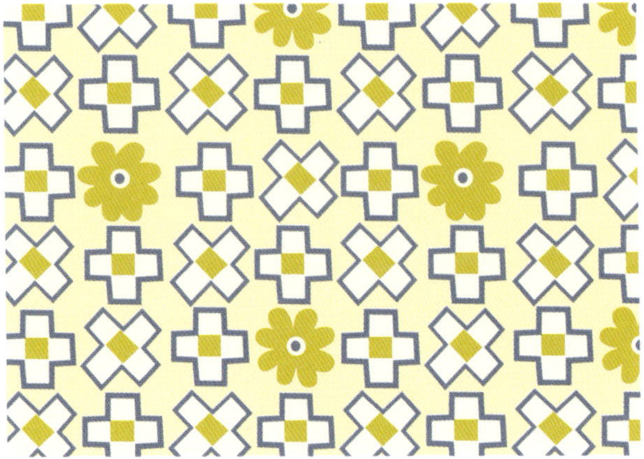

C-006 Jpg Png Eps

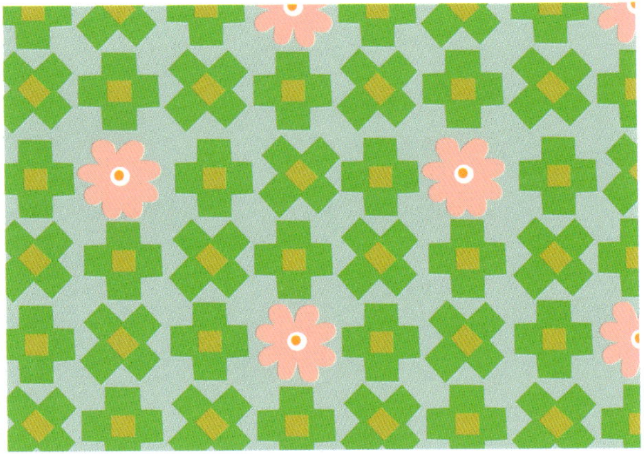

C-005 Jpg Png Eps

C-008 Jpg Png Eps

C-007 Jpg Png Eps

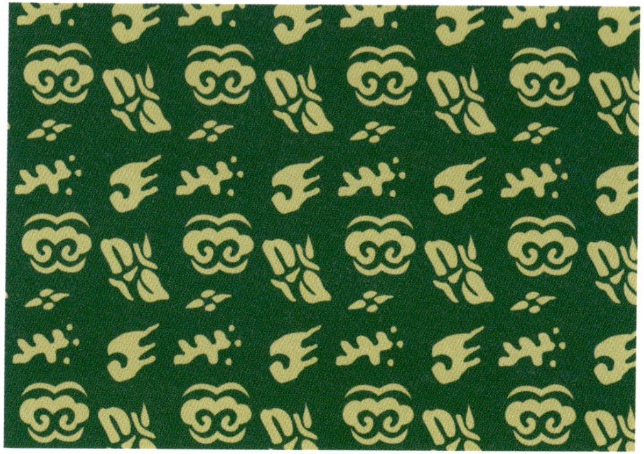

C-010 Jpg Png Eps

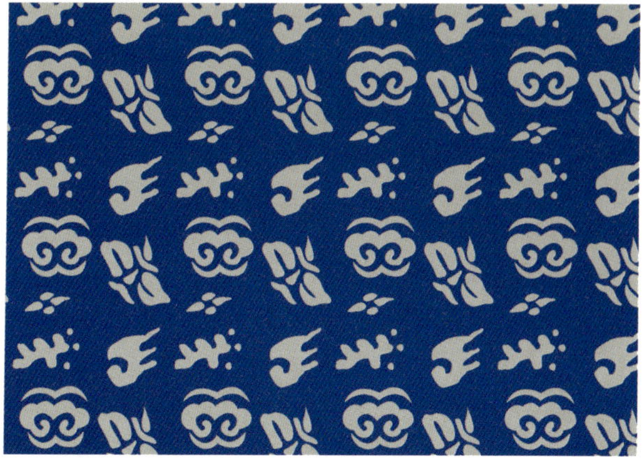

C-009 Jpg Png Eps

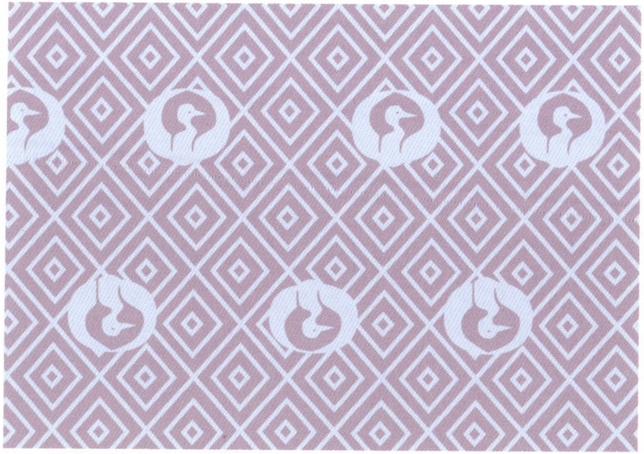

C-012 Jpg Png Eps

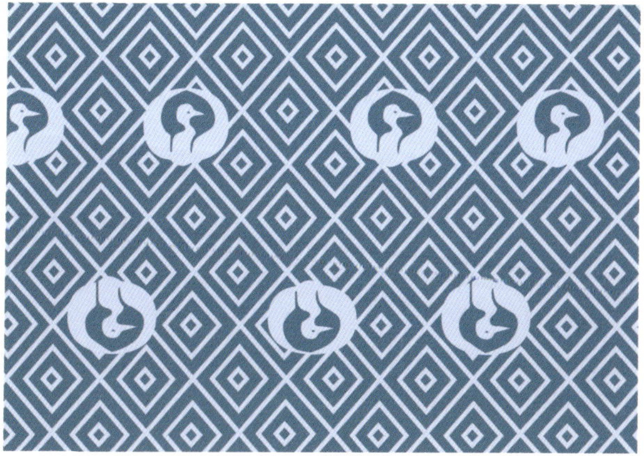

C-011 Jpg Png Eps

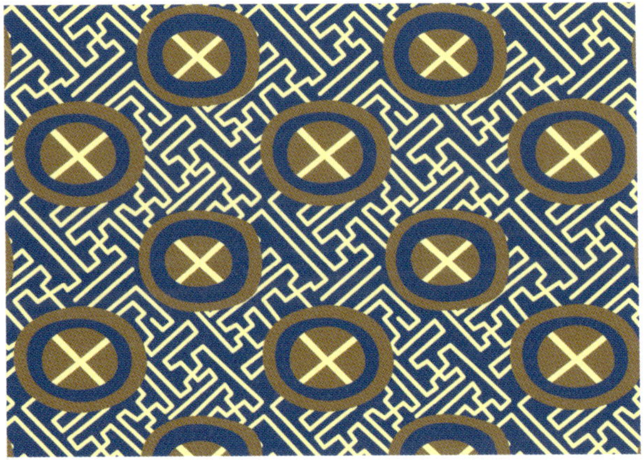

C-014 Jpg Png Eps

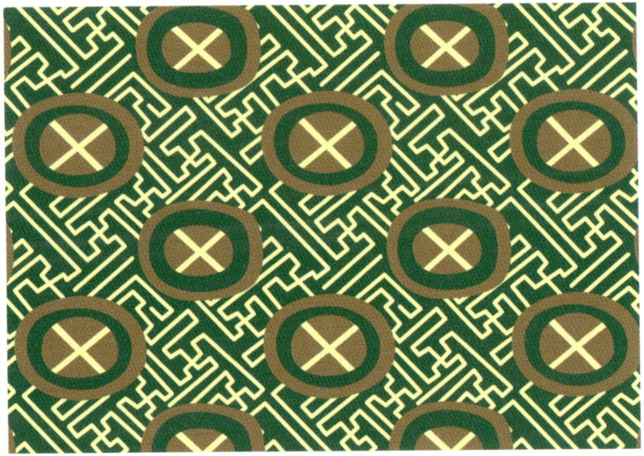

C-013 Jpg Png Eps

C-016 Jpg Png Eps

C-015 Jpg Png Eps

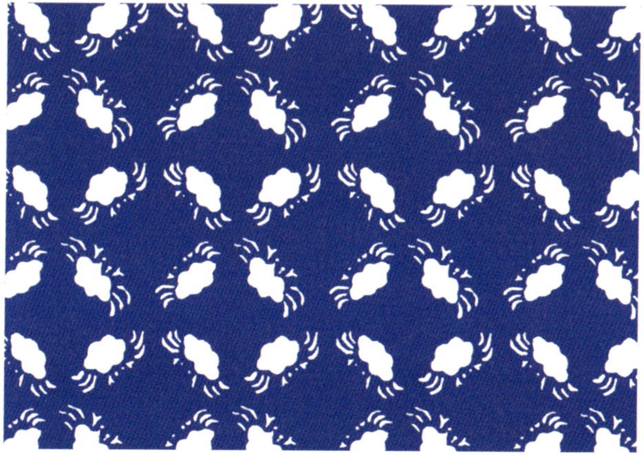

C-018 Jpg Png Eps

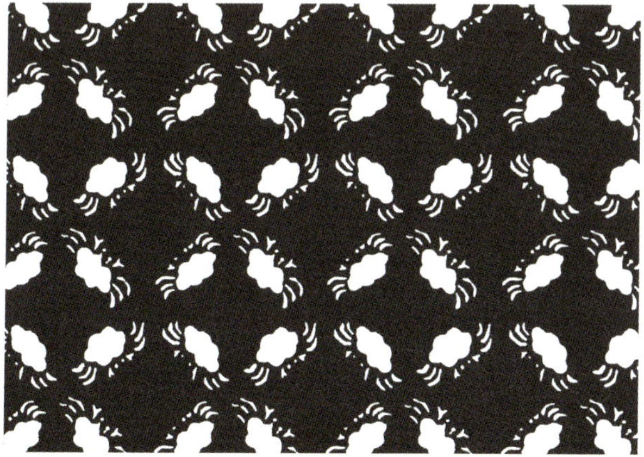

C-017 Jpg Png Eps

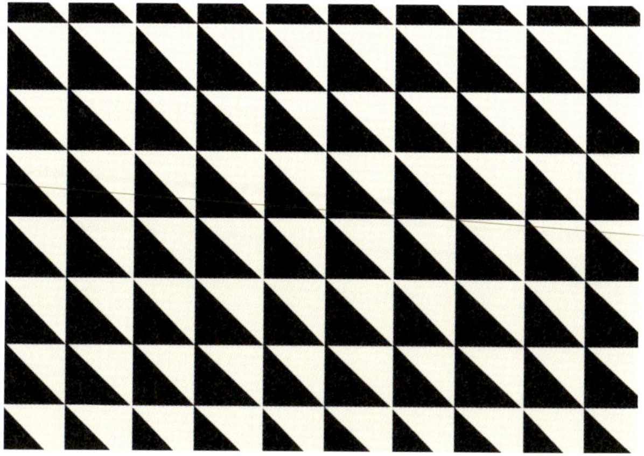

C-020 Jpg Png Eps

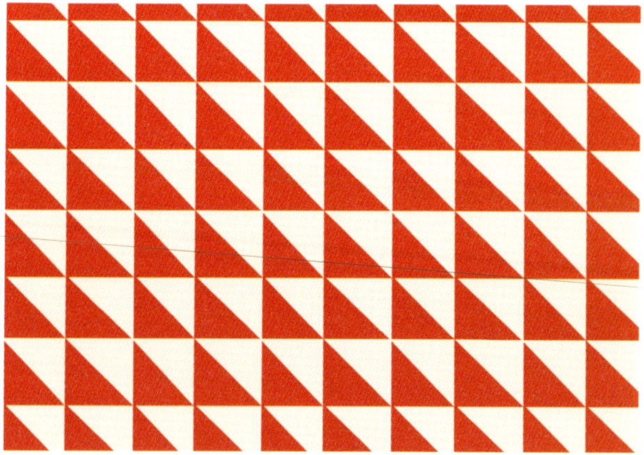

C-019 Jpg Png Eps

C-022 Jpg Png Eps

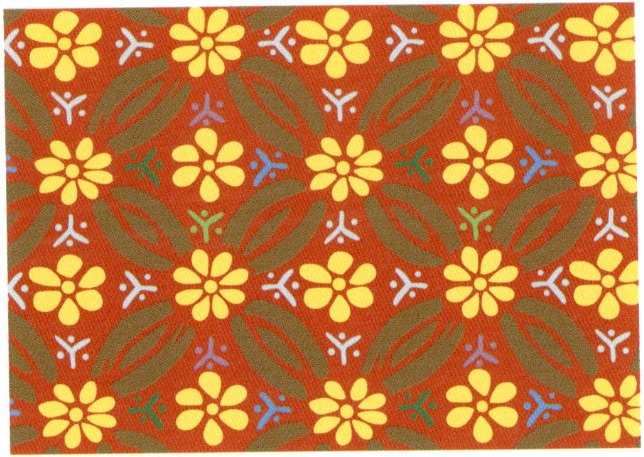

C-021 Jpg Png Eps

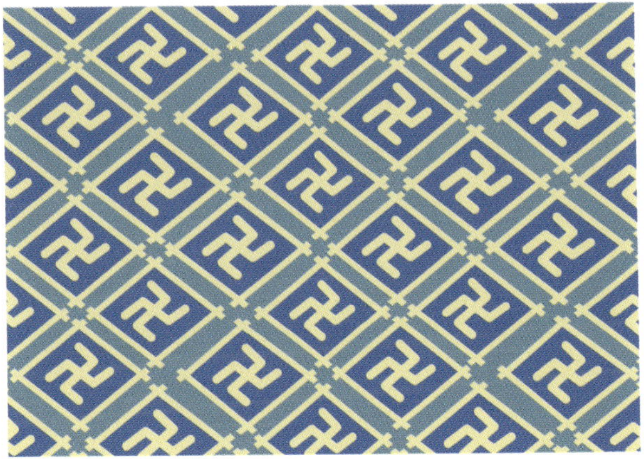

C-024 Jpg Png Eps

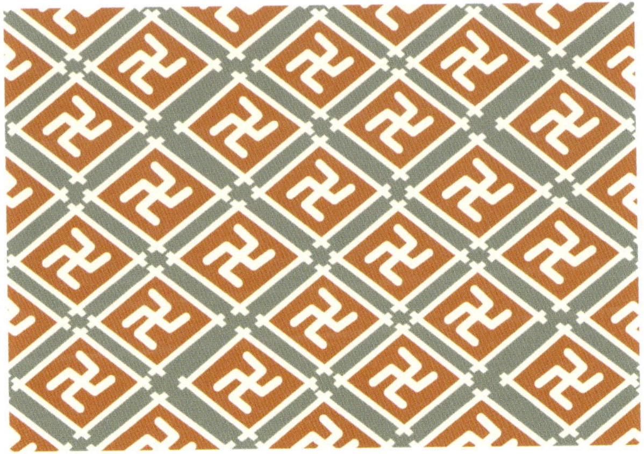

C-023 Jpg Png Eps

C-026 Jpg Png Eps

C-025 Jpg Png Eps

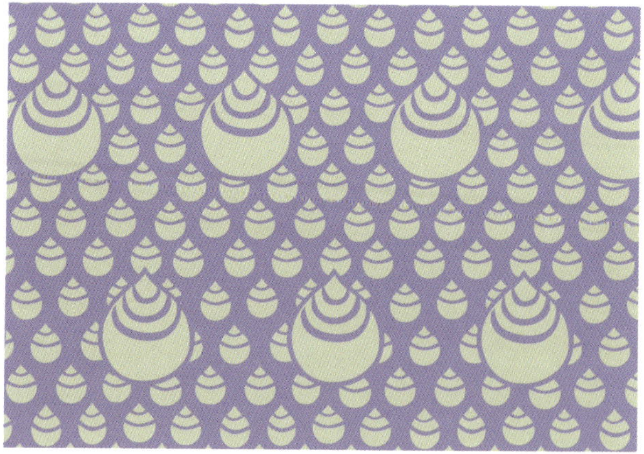

C-028 Jpg Png Eps

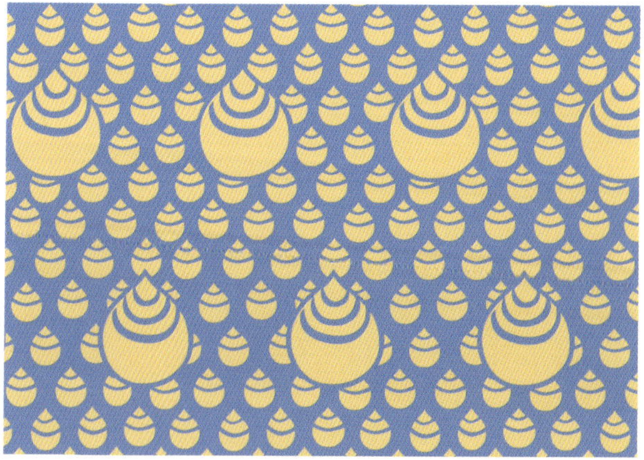

C-027 Jpg Png Eps

C-030 Jpg Png Eps

C-029 Jpg Png Eps

C-032 Jpg Png Eps

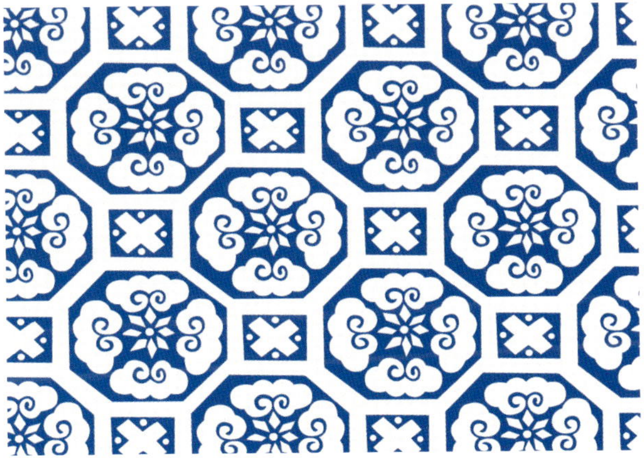

C-031 Jpg Png Eps

和の彩（いろど）り素材集 —伝統文様　草花・動物・天象器物— with DVD-ROM

COLLECTION OF JAPANESE TEXTILE DESIGN

発　行　2014年 2月15日　初版発行

編集・デザイン　中嶋桂子

発行者　安田洋子

発行所　株式会社青幻舎
京都市中京区三条通烏丸東入ル
TEL.075-252-6766　FAX.075-252-6770
http://www.seigensha.com

印刷・製本　図書印刷株式会社

Printed in JAPAN
ISBN978-4-86152-424-0 C3072

贈り物の
ラッピングに…
［使用素材］
A-022 ／ A-050
金色の柄を使用すれば、
豪華な印象に。

Collection of Japanese Textile Design with DVD-ROM

First Edition : February 15, 2014

Published by Seigensha Art Publishing, Inc.
Higashi-iru, Karasuma-Sanjo, Nakagyo ku,Kyoto,
604 8136, JAPAN
http://www.seigensha.com

ISBN978-4-86152-424-0

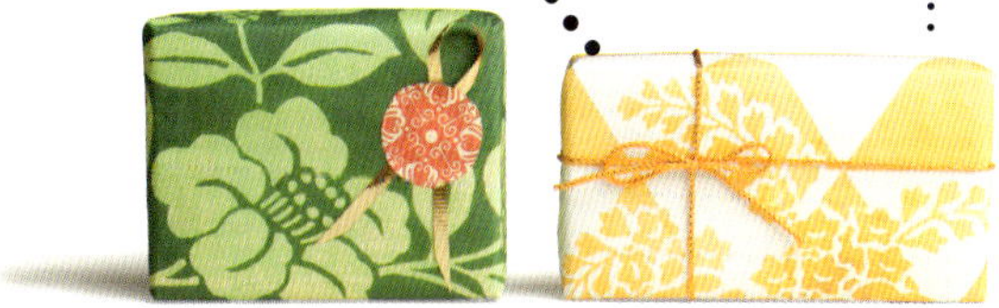